# 旅日狂欢

刘梦迪　著

中国民族文化出版社
北　京

**图书在版编目（CIP）数据**

旅日狂欢 / 刘梦迪著. -- 北京 : 中国民族文化出版社有限公司, 2020.9
ISBN 978-7-5122-1387-6

Ⅰ. ①旅… Ⅱ. ①刘… Ⅲ. ①旅游指南－日本 Ⅳ. ①K931.39

中国版本图书馆CIP数据核字(2020)第162733号

**旅日狂欢**

| | |
|---|---|
| 作　　者 | 刘梦迪 |
| 拍 摄 者 | 梦　迪 |
| 策划编辑 | 孙　勃 |
| 责任编辑 | 孙　勃 |
| 责任校对 | 张嘉林 |
| 出 版 者 | 中国民族文化出版社　地址：北京市东城区和平里北街14号<br>邮　　编　100013　联系电话：010-84250639 64211754（传真） |
| 印　　装 | 三河市金泰源印务有限公司 |
| 开　　本 | 787mm×1092mm　16开 |
| 印　　张 | 22.5 |
| 字　　数 | 180千 |
| 版　　次 | 2020年9月第1版第1次印刷 |
| 标准书号 | ISBN 978-7-5122-1387-6 |
| 定　　价 | 79.00 元 |

# 序 言

认识梦迪是在看完《淘最霓虹》后，我们在上海见了面。她对于出版一本自己的书有着很高的要求。“能出版一本自己的书，是我毕生的梦想”这是她跟我说的。作为节目主持人，她对于日本文化的了解超出了我的想象。

我常想，一本书要写得波澜壮阔、别出心裁是多么的不容易，要吃透一个国家的文化更是不易。从确定这本书的框架开始，到它出现在读者手中，我们经历了太多的波折，对于作者和编辑而言，这都是一场历练。如今，这本书经过了两年半的时间，终于要和读者见面了，它的价值绝不仅在于其突出的实用性和独特性，更在于它对于日本文化平实而又深刻的反映。我们常说：远亲不如近邻，日本作为我们的邻居，源于地理上的特点，使我们很难忽视它的存在。

近些年，越来越多的中国人走出国门，去领略异国的风情，去感受不同的文化。但是，随着生活节奏越来越快，并非人人都有时间为旅游做全面、充分的准备，这就需要作为出版工作者的我们为读者提供实用、独特的参考图书。《旅日狂欢》这本书出版的初衷，就是希望能为赴日旅游的人们提供与众不同且洋溢着地道日式风情的个性方案。

从北海道到冲绳，你可以说这是一段日本人对本国文化深刻理解的过程，也可以仅说它是樱花渐次开放的地理位置。从关东到关西，从东北地区到中部地区，从山阴山阳·四国地区到九州地区，你可以说是日本饮食文化中纠结的缘由，也可以仅说是千百种鱼类浮游迁徙的方向。站在札幌望宫崎，你总希望能从JR塔上看到高千穗峡，想尽占繁华城市和断崖绝壁，倘若能在摩耶山顶领略“百万夜景”，你就会突然觉得，不论历史的长河如何滚滚向前，能激起一丝涟漪者，都是十分幸运的弄潮儿。

正如我对于这本书的期盼一样：无论经历了多么惊心动魄的历程，到读者手里，若能配上一杯淡茶，消磨些许时光，便足矣。

孙 勃

2020年8月

# 目　录 CONTENTS

北海道位于日本北部区域，也是日本除了本州岛之外最大的一个岛。

大家对于北海道的印象怎么样呢?我对北海道的初印象是——雪国，浪漫。

# Hokkaido

# 北海道

北海道确实被很多影视剧作为取景地，给许多人一种浪漫的憧憬。我非常钟爱日本经典电视剧《来自北国》，也非常喜欢电影《情书》，总幻想有一天要和喜欢的人一起去北海道，不过至今还未实现。

除了影视剧中的浪漫，北海道也是非常优秀的旅游地。

冬季景色优美自不必说，其春、夏、秋三季也拥有令人不忍错过的美景。世界遗产、美味的海产品、温泉……值得去的地方实在是太多了。

我想将这些美景、美食大致分两类推荐给大家，札幌城市周边游和东部的小众探险游。

交通：上海、北京、杭州、南京、天津等国内主要机场飞机可直达

你也可从日本其他地区乘飞机到达；东京等地新干线也可到达（2016 年开通东京直达函馆的新干线，方便游玩两地）

## 冬日北海道旅行必备品

- [x] 手套、围巾、耳罩、口罩

  冬天的北海道很冷，室外最低温度可低至零下20摄氏度。如果玩雪的话，切记戴上防水手套哦。滑雪装备倒是可以租赁。

- [ ] 暖宝宝

  女孩子每天在腰和肚子上贴上暖宝宝还是很有必要的！特别是要长时间待在户外的时候，一定要贴上。

- [ ] 保暖内衣

  很多保暖内衣都是依靠吸收体内水分加热原理来保暖的，这样对皮肤不好，女孩子记得晚上要涂抹乳液，做好保湿哦！

- [ ] 袜子

  多带几双袜子！滑雪时，袜子可能会被雪浸湿，很难晾干，所以需要多备两双。必要时穿两双。

- [ ] 充电宝

  天冷，手机耗电快，有时候一下就掉了50%的电量，所以带上充电宝很有必要。

- [x] 防水喷雾

  淋雪后进入温暖的室内时，雪会融化，衣服会湿透。如果有防水喷雾的话，喷到衣服和鞋子上会很方便。

- [x] 可折叠超大拉链袋

  国际航班托运一般是23千克，如果你想购物，建议你带行李箱，此外还要带一个大袋子。箱子自重比较重，长途移动不方便，大袋子可以折叠放在箱子里，如果你在最后一天购物的话，不易碎的物品可以装在袋子里（拉链款袋子也可以加锁托运哦）。

# 札幌城市周边游

**主要介绍札幌、小樽、旭川、富良野**

围绕北海道的首府札幌，推荐给第一次来北海道旅行的人。

在这里，你既可以享受都市游的满足感，比如城市的繁华、购物、美丽的夜景，又可以体验大自然的美景，冬天可体验滑雪玩雪项目；遇见可爱的动物，也不会错过舒适的温泉和美食。

## 札幌，小樽

从札幌乘快速列车 30 分钟就可以到达小樽了。接下来，我将这两块区域合并介绍给你。

札幌有两大购物区域，分别是札幌站和大通区域。

札幌站周边的店相对来说比较新，交通方便，去机场和乘坐高速 bus 特别方便。

大通区域商业街多，小店多，电视塔附近一直以来都是繁华区域。

## ◎ 札幌 ESTA

这里有大型的电器店 Bic Camera、药妆店等，是很受外国游客喜爱的购物商场。地下有很多店可选购北海道伴手礼。10 楼有“拉面共和国”，8 家拉面店聚集在此。

## ◎ 札幌 stellar place

这里是日本最大规模的复合购物设施，内有电影院、服装店、餐饮店等。

## ◎ Paseo

这是札幌站高架桥下的购物区域，以小服装店、咖啡厅为主。

## ◎ Apia

这是札幌站的地下购物街，小餐饮店聚集。

## ◎ 大丸札幌

这里有很多大牌服装和化妆品店铺，此外还有日本本土品牌和杂货店等。女生的东西更多一些。

## ◎ 东急百货店

这是一座比较老派的百货店，有大牌化妆品、服装店、餐具等。楼上也有餐饮一条街，和食店比较多。

## ◎ 狸小路商店街

这是比较有代表性的一条商业街。这里有天棚，所以下雨天也不用担心。这里有伴手礼店、药妆店、餐饮店等。1 千米长的商业街上聚集着约 200 家店铺，其中也有营业到深夜的药妆店哦。

## ◎ 札幌 PARCO

这里汇集着服装店、杂货店、装饰品店等，店铺风格偏年轻化，从地下可直接通达。

## ◎ Le-trois：

这里“治愈系”的店铺比较多：杂货店、化妆品cosme店，还有服装店、咖啡厅。

## ◎ 丸井今井 札幌本店

这是一家拥有将近 150 年历史的老铺百货店，占地面积大，有食品、服装、杂货、装饰品、宝石等店铺，种类丰富。

## ◎ 大通 bisse

这里是以 Lifestyle 的时尚店铺、主题店铺、咖啡甜品店为主的一幢楼。

## ◎ 札幌地下街（aurora town 和 pole town）

札幌地下街从 JR 札幌站延伸至地铁薄野站，全长 2 千米。这里有服装店、眼镜店、药妆店、餐饮店等，很多性价比高的店铺聚集在这里哦。

## ◎ 北海道旧本厅舍

这里有红砖巴洛克风格的欧式建筑，很有特色，这里的人也亲切地称其为“红砖房”。

它是北海道的标志性建筑，现已被指定为国家重要文物财产。

这里虽地处札幌市中心，却感受不到市中心的喧嚣。拥有漂亮的大庭院、古树、池塘，别有一番宁静。

这里过去是北海道的治理机关，现在供大家免费参观，内有许多北海道开发的历史资料等。

地址：札幌市中央区北1条西2丁目
交通：从札幌站步行7分钟可到达
推荐游玩时间：30—40分钟

## ◎ 大通公园

就像纽约的中央公园一样，在市中心占很大面积的绿地，长 1500 米、宽 100 米的大通公园可以算得上是札幌的心脏了。

这里有花坛、草地、树木、喷水池、观光马车、札幌电视塔等，当地政府每年会在此举办许多活动，是来到札幌一定不能错过的景点！

## ◎ 白色恋人公园

日本著名的点心“白色恋人”相信大家都有所耳闻，这里正是白色恋人巧克力夹心饼干和冰淇淋的生产地和展示地——英伦风的复古建筑、充满童趣的饼干屋、开满花的庭园（冬天是白雪的世界），这里看上去像电影中的梦幻童话工厂一样。

在这里参观，吃下午茶，买伴手礼，拍照打卡都是不错的选择。此外，这里也是“亲子游”的圣地。

这里夜晚限定的灯光秀表演也非常值得推荐哦。

地址：札幌市西区宫之泽2–2–11–36
交通：地下铁宫之泽站步行7分钟可到达
推荐游玩时间：1—3小时

## ◎ 札幌钟楼

这里是札幌比较有标志性的历史建筑物，是重要文化财产，是日本最后的钟塔。

它的前身是北海道大学，120 多年来一直在持续报时鸣钟，不使用电池或电，至今仍然一周两次，依靠人工卷起重锤使其运转。

所以，至今你所听到的响起的每一次钟声，都和 100 多年前的钟声一模一样。

地址：札幌市中央区北1条西2
交通：札幌站步行10分钟/大通站步行5分钟可到达
推荐游玩时间：15分钟

## ◎ 小樽运河

小樽运河全长 1140 米，是北海道唯一一条运河，与北海道的开荒史同龄，约 120 多年。因为不是依靠人工挖掘，而是沿着海岸线填埋而成的，故自然弯曲的弧度使这里看起来柔和优美。

河边的煤油路灯、红砖仓库就是当年的模样。

虽然四季有变换的不同美景，但个人觉得这里还是被白雪覆盖的冬天最美了，也让人想起电影《情书》中的画面。

追求文艺浪漫的人来北海道，一定不要错过这里（建议在运河区域游玩，步行到周边的酒窖、八音盒堂、北一哨子等地一起游玩）。

交通：JR小樽站步行8分钟可到达

推荐游玩时间：1小时

## ◎ 八音盒堂

这里的建筑，其外观是充满复古感的瓦砖，充满情怀。走进去，你会听到室内飘荡着美妙的八音盒的旋律，有一种说不出的怀念，还有一种圣诞集市的温馨感觉。

在这里，你也可以自己挑选喜欢的曲目以及八音盒的外型来体验亲手制作一个属于你的八音盒哦（制作体验要提前预约哦）。

地址：小樽市住吉町4—1（小樽八音盒堂本馆）
交通：JR南小樽站步行5分钟可到达，从小樽运河步行13分钟可到达
推荐游玩时间：0.5—2小时

浪漫的北海道之旅怎么能少了欣赏夜景活动呢？

这里是日本比较有代表性的夜景都市。札幌、北九州和长崎被列为“日本新三大夜景城市”。这里美丽的夜景一定会超乎你的想象。

## ◎ 藻岩山

藻岩山几乎位于札幌中心。在海拔531米的藻岩山山顶上，眺望整个札幌的城市夜景，万家灯火就像是散落在辽阔石狩平原上的钻石一样，闪耀、浪漫。

如果你运气好，赶上晴天，就能看到明月伴随的夜景。

山顶有夜景餐厅、咖啡厅，推荐夕阳时刻就上山游玩。

地址：札幌市中央区伏见5丁目3—7

营业时间：4—11月10:30—22:00

12—3月11:00—22:00

交通：札幌市电缆车口下车步行8分钟到山丽（这段距离每隔15分钟会有一辆免费接驳车）

从山丽乘坐缆车到达山顶

推荐游玩时间：2—3小时

## ◎ JR 塔展望室 T38

在这里，你可以欣赏到 360 度无死角的城市夜景。

这里的地理位置特别好，有通道与 JR 札幌站直接相连，对旅行观光客来说很方便。

地址：札幌市中央区北5条西2町—5

交通：直接与JR札幌站相连

推荐游玩时间：1小时

## ◎ Susukino（薄野）

Susukino（薄野）是一条位于札幌市中央区的著名繁华街，也被称为札幌的不眠街。

这里汇集了许多家居酒屋、酒吧等。此外，这片区域还聚集着约3500家餐饮店。

你可以顺着闪耀的霓虹灯找到这片区域。

大家可以放心，这里的治安环境在全日本范围内也算是比较好的了。

唯一要担心的就是，这里店铺实在太多了，不知该去哪一家好。

地址：南北国道36号线南侧，东西从西2丁目到西6丁目左右
交通：市营地下铁南北线，东丰线薄野站
游玩时间：3小时

## ◎ 千寿拉面店

这是一家北海道当地人带我去吃的小拉面店。这里的味增拉面味道很棒：汤底浓郁，美味至极，平时中午你会看到许多上班族来这里排队吃饭。

地址：札幌市中央区大通西8-2-39北大通楼B1

交通：地下铁西11丁目站步行7分钟，西八丁目站步行291米

## ◎ Restaurant & Bar SkY J

这是一家可以从 150 米高空欣赏札幌城市景色全景的超级景观餐厅。

日航酒店提供早、中、晚三餐，还有酒吧，多种选择可以满足你的各种需求。

为了庆祝纪念日来这里也是不错的选择。记得一定要提前预约哦。

地址：札幌市中央区北5条西2丁目5番地
交通：JR札幌站南口步行3分钟
地下铁札幌站步行5分钟

## ◎ 市场食堂 味处武田

如果你在小樽车站附近搜索午餐的话，我推荐这家店。特别是这家的 ANA 特制海鲜盖浇饭值得一试。

螃蟹、虾、海胆、三文鱼、鲑鱼籽，满得就快要溢出碗边的豪华的海鲜盖浇饭，在这里仅需 2 300 日元。

这里高性价比的秘密是因为这家原本是卖鱼的店。食材都是店主每天亲自去鱼市拍卖回来的哦。新鲜美味性价比又高，似乎所有该去的理由都齐啦。

地址：小樽市稻穗3-10-16三角市场
交通：小樽站步行1分钟

## ◎ YOSAKOI 索朗节

YOSAKOI 索朗节，是札幌当地民众每年的 6 月上旬举办的大型活动。活动期间，有近 3 万舞者表演舞蹈，约 200 万人次的游客来访。

这个节庆的一大特点是，观众也可以参与其中一起跳舞。

舞者们充满活力的舞姿，热闹的音乐……这时，整座札幌城市都沉浸在快乐中。

推荐给喜欢感受当地文化的游客。

地点：大通公园以及其他地区
时间：6月上旬（每年稍有变化，建议官网搜索）
网址（有中文）：https://www.yosakoi-soran.jp/

## ◎ 日本札幌啤酒节

日本札幌啤酒节是日本国内最大规模的露天啤酒盛会。

在这里，你可以品尝到札幌市内以及近郊的工厂直送来的生啤，也有来自世界各地的啤酒。

啤酒节期间，以大通为中心，方圆 1 千米范围内都是啤酒和各种小吃美食的海洋啦。

注意：未成年人不要饮酒哦。

地点：大通公园

时间：7月下旬至8月中旬

地点：大通公园

时间：9月

## ◎ 札幌秋季丰收节

这是北海道最大的美食节。使用北海道各地时令食材制造出的美味料理会积聚在此。

札幌人气的餐厅、面包店、拉面店、点心店也会在此设置展台。

还有可以购买特产的地方，可以说是吃货们的天堂啦。

北洋銀行

## ◎ 札幌冰雪节

札幌冰雪节始于1950年，在约1.5平方千米范围内，排列着大大小小的冰雕和雪像，演绎着梦幻的冰雪世界。

每到傍晚，冰雪上会打上灯光，又是另外一番美景，还有不定时的投影表演。

活动为期五天，在冰雪节期间，也会出现屋台小吃摊位，美味或许可以让你瞬间忘记寒冷哦。

地点：大通公园/薄野/TSUDOME
时间：2月上旬至中旬

## ◎ 札幌白色灯饰节

这个札幌的光之盛宴起源于1981年，也是日本最早的灯饰节。

白色为主的灯光装扮，有一种纯洁无暇的浪漫。将札幌冰天雪地的美景，衬托得格外梦幻、美丽。

这里是情侣们约会的绝佳地点。

地点：大通公园及其他地区
时间：11月下旬至第二年的3月中旬

## ◎ 定山溪温泉街

定山溪温泉于 1866 年开汤，至今已有 150 多年的历史。它位于距札幌市区一小时左右车程的丰平川上游。

这里的源泉共有 56 处，许多温泉旅馆等设施沿溪谷而建。定山溪温泉的泉质是氯化钠泉，浸泡的时候，盐分会附着在肌肤上，防止汗液蒸发，可以让你的身体由内而外散发热气，真正地起到排毒养颜，舒缓压力功效，可以帮助缓解关节疼症状。

所以来这里逛一逛温泉街，欣赏四季变换的自然美景，住在温泉旅馆泡天然温泉，品尝日本传统会席料理的美味。真的是极致享受哦。

在这里，数十家不同风格的温泉旅馆或酒店可以供你选择，从高级度假村到复古和风旅馆，可以根据自己的需求找一家入住。当然如果不想住宿，可当日往返只享用温泉的地方也有哦。

交通：札幌站出发乘坐河童Liner巴士60分钟可直达／乘坐定铁巴士：JR札幌站南口巴士总站12号等车口／地铁南北线真驹内站前巴士4号等车口约50—75分钟可到达

# 旭川

（从札幌乘坐特急列车 1 小时 25 分可到达旭川）

旭川是仅次于札幌的北海道第二大城市，是将丰富的大自然美景和城市文化完美融合的地方。

来到这里，即使你仅留出两天一夜的时间，也可以游玩得十分充实。

推荐游玩季节：1—2 月，7—8 月，9—10 月

## ◎ 旭山动物园

旭山动物园是日本最北端的动物园，也是日本最大规模的极地动物园。

2006年，旭山动物园年入园人数就已达300万人次，荣获日本动物园入园总人数第一名，可以说是日本人气最旺的动物园了。其人气旺的理由是：动物的“行动展示”，在这里，你可以看到各种动物的动态美，如在鸟类动物展示区，园区设置了池塘和草坪，尽量打造真实的大自然风格，以便游客看到最真实的动物生态；设计成北海道小渔港的海豹饲养区，建造了一个直径一米的圆柱体玻璃观察窗，海豹在其中上下穿梭，环绕嬉戏。游客通过这个玻璃窗可以360度自由观察海豹；还有冬天你会看到排成大队的企鹅从你身边一扭一扭地走过，和企鹅一起散步的特别体验，真的很少见吧。

地址：旭川市东旭川町仓沼
交通：巴士：旭川站前6号乘车口乘坐旭川电气轨道巴士（旭山动物园线41或者47）大约40分钟可到达/从旭川站打车半小时可到达约3500日元
推荐游玩时间：4—5小时

## ◎ 上野农场

在这里，一年四季，你都能欣赏到各种花卉，总数约2000种。

传承了100多年的上野农场，以英国风为基础，应合北海道特有的气候和风土，打造出了独一无二的北海道特色花园。无论设计还是花色色彩搭配，种植结构几乎无可挑剔。

这里还有一家咖啡厅，食物不复杂，可以吃到非常新鲜的食材。

喜欢以植物为拍摄对象的朋友一定要来这里。

地址：旭川市永山町16丁目186番地
交通：JR石川线樱冈站步行15分钟可到达
推荐游玩时间：3小时

## ◎ 旭川拉面村

大家知道日本人真的非常热爱拉面。日本三大拉面分别是：北海道札幌拉面、九州福冈拉面和德岛喜多方拉面。所以北海道拉面也是非常有名的。其中旭川拉面又是北海道三大拉面之一，不亚于札幌拉面。

旭川拉面的特点是：使用鱼类和猪骨、鸡肉等熬制的酱油汤底。因为发源自寒冷的地区，为了避免热度快速流失，添加了猪油。所以，其口味是清爽的汤底中带有浓香的回味。

在旭川拉面村，汇集了8家著名的拉面店让你一次吃个够。

拉面爱好者和吃货怎能错过呢？

地址：旭川市永山11条4丁目119—48
交通：JR南永山站步行7分钟/旭山动物园打车15分钟
推荐游玩时间：1—2小时

## ◎ 雪之美术馆

这里是以雪为主题的博物馆。它会让人忍不住认为，这里就是现实版的迪士尼电影《冰雪奇缘》。在这个欧式城堡中，你可以拍婚纱照，可以举办婚礼，还可以换上公主裙体验当小公主。

当然，只参观建筑优美的内外观，在展望台上眺望整个旭川的城市美景也是一种很独特的体验。

地址：旭川市南が丘3−1−1

交通：JR旭川站徒步5分钟到1条7丁目巴士站，乘坐道北巴士53/67/530/667路15分钟在高砂台入口下车，步行10分钟可到达

推荐游玩时间：3小时

## ◎ 男山酒造资料馆

男山酒造资料馆拥有350年的历史，自古传承下来的著名“男山酒厂”的清酒在日本酒业中占有一席之地。

在这里，你可以学习、了解男山酒的历史，可以喝到制造酒的原材料——珍贵的大雪山的伏流水，还可以试饮各种男山酒（有40多种）。你总可以找到自己最爱的那一款作为伴手礼带回国。

注意：未成年人不可以饮酒哦。

地址：旭川市永山2条7丁目1番33号

交通：旭川站附近1条8丁目车站，乘坐道北巴士到永山2条6丁目巴士站下车后步行2分钟可到达/从拉面村打车5分钟车程

推荐游玩时间：2小时

## 富良野及周边

当地人为此地起名“富良”，喻为丰饶的大地，气候四季分明，农业和牧业都很发达之意。

夏天，你可以看到整片丘陵被美丽的薰衣草覆盖的壮观景色；冬天，你可以尽情地玩雪、滑雪。

这里也是日本经典电视剧《来自北国》故事发生的地方，至今仍然保留许多拍摄地，来自各地的影迷们纷纷来“圣地巡礼”。

交通：旭川站乘坐JR富良野线1小时8分可到达富良野站/旭川站前乘坐巴士旭川空港线1小时40分左右可到达富良野站前

## ◎ 富田农场

如果你是春季、夏季和秋季之间来富良野旅行，一定要去看花田。在富良野有很多可以欣赏薰衣草田的地方，但这里规模大，非常有名。

彩色的薰衣草铺成的绒毯，就像是彩虹不小心坠落到大地上一样，十分壮观。

想拍美照推荐大家一大早或者夕阳时分前往哦。

地址：北海道空知郡中富良野町基线北15号

交通：JR富良野线薰衣草田站步行10分钟可到达

推荐游玩时间：3小时

## ◎ 丽乡之森

丽乡之森作为日本著名经典电视剧《来自北国》取景地而闻名。可以实际参观影视剧中主人公居住的房子等（拍摄时间长达 20 年仍保存完好），也有使用富良野当地食材来制作料理的餐厅，当地艺术家的艺术作品展示厅等。在这里可以邂逅各种富良野的魅力哦。

地址：富良野市东丽乡1—1
交通：JR富良野站乘坐巴士“丽乡号“坐到终点，下车步行30分钟可到达
推荐游玩时间：2—3小时

## ◎ 白金青池

这里是一片被森林包围、梦幻的青蓝色的池塘。

这里一年四季都呈现出蓝色，并且会根据气温变化而变换出不同层次的蓝色，像是上帝不小心打翻了调色盘一样。这里也被誉为“来日本旅游一定要去的景点”。

地址：上川郡美瑛町白金
交通：JR美瑛站乘坐道北巴士白金温泉行25分钟，白金青池入口下车（从富良野站到美瑛站电车约35分钟）

## ◎ 云海展望台トマム(tomamu)站

用“离天国最近的咖啡”来形容云海很贴切，你的眼前是触手可及的云海，让你感觉仿佛置身于仙境，漂浮在云中一样。

不过，在这里，你能看到云海的概率是50%。所以，能否看到这样的绝景就要测试你的运气了。

地址：北海道勇払郡占冠村中tomamu
交通：JR从富良野站坐到**トマム**站，途中在新得站换乘，供2小时（在云海café运营的时间电车不通行，须提前一天到附近或租车到此）
时间：5月中旬至10月中旬
（5月中旬至8月下旬：4:00—8:00/9月上旬至10月中旬：4:30—8:00缆车最终上行时间）

## ◎ 新富良野王子酒店

如果你不擅长规划自由行路线，如果你喜欢轻松的“一站式”娱乐，如果你想非常悠闲度假，这里真的是不错的选择。

待在酒店度假村中，你可以享受各种度假村内设施或周边设施：滑雪场玩雪，森林漫步，逛街购物，天然露天温泉，影视剧的取景地，浪漫夜景，观赏星空，美味餐厅等应有尽有。住在这里，你基本上可以轻松感受所有富良野的魅力。

（很多项目和季节有关，建议出发前查询官网看开放体验的有哪些）
新富良野王子酒店官网（有中文）：https://www.princehotels.co.jp/newfurano/

1. 小木屋商店

走出酒店大堂，你就能看到一大片森林，仿佛会有精灵隐居在此，神秘又安谧的环境。

这里有一幢幢小木屋，有许多手工品的店，可以逛一逛哦。

## 2. 森之时计咖啡屋

这就是仓本聪氏的电视剧《温柔时刻》中的森林咖啡厅，边欣赏森林景色，边来上一杯咖啡和甜品，仿佛时间都慢了下来。

## 3. soh’s BAR

这家店内外石砌的装饰很有特色。

未成年人不能入内，这里是完全属于大人的，安静的森林之夜。

## 4. 风之庭院

在这 2000 平方米的英式花园中，有 450 种以上的花千姿百态地盛开着。

这里也是同名电影《风之庭院》的拍摄地。

来到这里绝对会情不自禁按下相机的快门。

## 5. Rugorowa furano法式餐厅

这里是依照仓本聪氏常年在脑海中描绘的理想餐厅样式而打造成的实物。

这里的主厨会亲自跑到农家去精选食材，精心制作每一道料理。

这里的午餐、晚餐都是预约制，不论是休闲地享用一顿午餐或是选择奢侈的法式套餐，都一定能让你满足。

## 6. Picnic garden

这个度假区内有很大的一片森林可以体验各种户外项目：高尔夫、热气球体验、赛格威电动平衡车、丛林探险、皮划艇等。

## 7. 滑雪

度假村内有一座滑雪场，清晨会有明亮的太阳照射到这里，你可以一大早就来这里滑雪，需要特别强调的是，这里可是真正的粉雪滑雪场哦。

除此之外，其最大的魅力就在于漂亮的景色。晴天时，你可以看到对面的十胜岳，还有坡下的富良野盆地，被白雪覆盖的样子简直美如画。

# 北海道东部小众游玩地点推荐

## 主要介绍网走市、知床、阿寒湖

大家习惯把北海道东部地区统称为“道东”，相比较北海道著名的札幌等旅行地，这里算是比较小众的旅行地了。

这里也是日本为数不多被完好保留太古气息，纯大自然的地方。

宏伟的大自然美景，上百年不变的文化传承，来到这里你一定能发现许多旅途中的感动。

来“道东”旅行，自由行游客遇到最大的问题就是这里的公共交通不方便，很多游玩地点没有直达的公共交通。所以，我推荐大家租车或者包车旅行。

## 网走市

有些人可能听过“网走市”这个城市的名字，曾经一度因作为《非诚勿扰》的拍摄取景地而出名。

网走市是位于北海道东北部鄂霍次克海（Sea of Okhotsk）沿岸最大的城镇，以水产业和旅游观光业闻名于世。除了大自然美景，这里新鲜的水产品特别吸引人。

### ◎ 破冰船极光号

在网走市最具人气的冬季项目非冬季破冰船莫属了。

沿着中国和俄罗斯的国境流淌的远东最大的河——阿穆尔河，注入到鄂霍次克海的淡水成冰，这些冰每年 1 月到 3 月随北冰洋的浮冰漂浮到鄂霍次克海，形成了洁白神秘的景象。

当你坐上破冰船行驶在流冰中，看到眼前无限延展的银色冰面，那种心情就仿佛在极地探险一般，你会不禁感叹大自然的神秘壮观。

运气好的话，你还能看到海豹、鸟类伫立在流冰上，就像电视里看到的极地动物世界一样。

记得提前上网预约船票哦。

码头地址：网走市南3条4丁目5−1 流冰街道

交通：JR网走站打车或公车10分钟车程

## ◎ 垂钓西太公鱼

说到冬季限定的有趣娱乐项目，不容错过的就是北海道风格的垂钓。在结冰的网走湖上打开一个洞口，尽情享受钓鱼的乐趣吧。

钓上来的西太公鱼还可以当场制作成美味的天妇罗来吃。

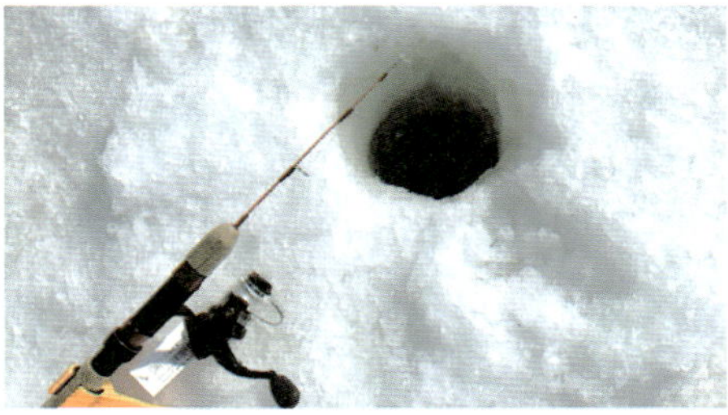

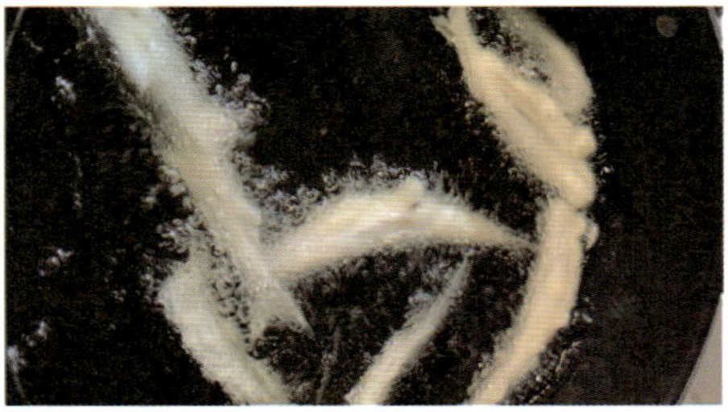

地址：网走市呼人823—3地先
交通：网走站乘坐bus10分钟，到网走观光酒店前下车步行300米可到达
时间：1月上旬至3月中旬

## ◎ 网走湖庄温泉旅馆

这是一家网走湖湖边的老牌温泉旅馆，从房间窗户望出去，夏天可以看到一片宁静的湖景，冬天是白色的冰雪世界（还可以看到垂钓西太公鱼的垂钓场）。

室外露天温泉，美味的用当地特色食材制作的会席料理，旅途中找上这样一家传统日式温泉旅馆放松身心最好了。

地址：网走市呼人78

交通：JR网走站乘坐bus美幌行10分钟，在网走湖庄前下车可到达 / JR网走站打车约7分钟

# 知床

知床（Shiretoko）在爱努语中的意思是“大地的尽头”，其于2005年被列入了世界遗产名录。

这里的原生态环境被完好保存，来到这里，你一定会感受到真正的大自然的力量。

这里也是除了北极圈之外，唯一可以看到流冰的地方，是日本最后的秘境。

## ◎ 流冰漫步

这是可以行走在流冰上面的体验项目，在大海上漫步，是在全世界范围内也比较罕见的梦幻般的体验了，很特别，很有趣，强烈推荐给大家。

行走在流冰上，你会看到一望无际被流冰覆盖的海平面，远看似白雪的世界，近看你会发现流冰其实是漂亮的淡蓝色，甚至有时候你还会体验一脚踩在“薄”的地方陷下去的刺激。

不过不用担心，身穿干式潜水服，有教练带领，如果你敢，还可以体验漂浮在流冰里。

注意：名额有限，需提前预约
地址：斜里郡斜里町utoro东284
交通：JR知床斜里站乘坐bus50分钟可到达utoro

## ◎ 五湖徒步

我是冬天去参加的这一徒步项目，项目举办方会配备给你一双专门在雪地上行走的雪橇板。

走入没有一丝人工痕迹的原始森林，心里又紧张又期待。

在徒步途中，你可能会遇到一些野生动物，会看到无法用言语形容的壮丽的大自然生态。

沿途中，我看到了啄木鸟的痕迹，一些小动物的脚印，罕见的北方的树木，《挪威森林》影视剧中一样的白雪森林，雪国森林是那么平静纯洁。

爬到山顶看到的悬崖绝壁又是完全不同的风景。对面积雪的悬崖上的小鹿，海水猛烈地敲打着岩石的声音，风的呼啸声，被卷起的粉雪……

你可能会感动得说不出话来，就想静静地看着，感受雪国大自然真正的力量。

注意：名额有限，需提前预约

地址：斜里郡斜里町utoro东284

交通：JR知床斜里站乘坐bus50分钟可到达utoro

# 阿寒湖区域

这是一块由火山喷发而形成的区域，火山孕育出的湖泊与山脉，生存着许多百年以上的老树，有北海道的原住民——阿伊努人继续在这里传承他们的文化。因为自然和古朴的气息，整个区域都充满着神秘的独特氛围。

## ◎ 阿寒湖阿伊努村（阿寒湖畔温泉街）

阿伊努人是北海道地区的原住民。

在这里，阿伊努村有不同于北海道其他地区的宁静、淳朴和浓厚的文化气息。

一家家小店，出售当地人的布艺或木制的纯手工品，很适合做伴手礼。

还有阿伊努舞蹈，推荐大家有机会观赏一下。他们传承的精神，对天、对地、对大自然的感恩之情都包含在舞蹈中了，很难用言语来形容。

地址：铭路市阿寒町阿寒湖温泉4丁目7–19
交通：JR钏路站乘坐bus1小时45分钟可到达

## ◎ 阿寒湖游久之里鹤雅温泉

这是一家位于阿寒湖边的精致温泉酒店。在这里，你可以看到阿寒湖全景和群山美景，酒店设计也将传统和现代很好地融入其中，让宾客能感受到阿伊努民族独特的风格。

这里室外露天温泉的风景一级棒，也有带私汤的房间可以选择。

地址：钏路市阿寒町阿寒湖温泉4丁目6番10号

交通：JR带广站，网走站，北见站，钏路站，都可以有酒店接驳巴士，或者公共巴士可到达

## ◎ 阿寒湖散步

如果你是冬天来阿寒湖，那可以期待着清晨窗外的美景：去冻结的阿寒湖上散步，看冰霜花、雾凇和钻石星辰。

冰霜花这种自然现象，形成的条件非常苛刻，就算在冬天的阿寒湖据说也只有 30% 的概率可以看到，你要不要去试一下运气呢？

你可以在阿寒观光协会报名一个早上的散步团，跟着“专家”一起去找寻这神秘的冬日美景哦。

冲绳是日本最南端的县，被称为“东方夏威夷”，是一个名副其实的度假胜地。

冲绳一年四季相对来说气候温暖，但不是常年都能下海游玩的，出行还是要注意啦。

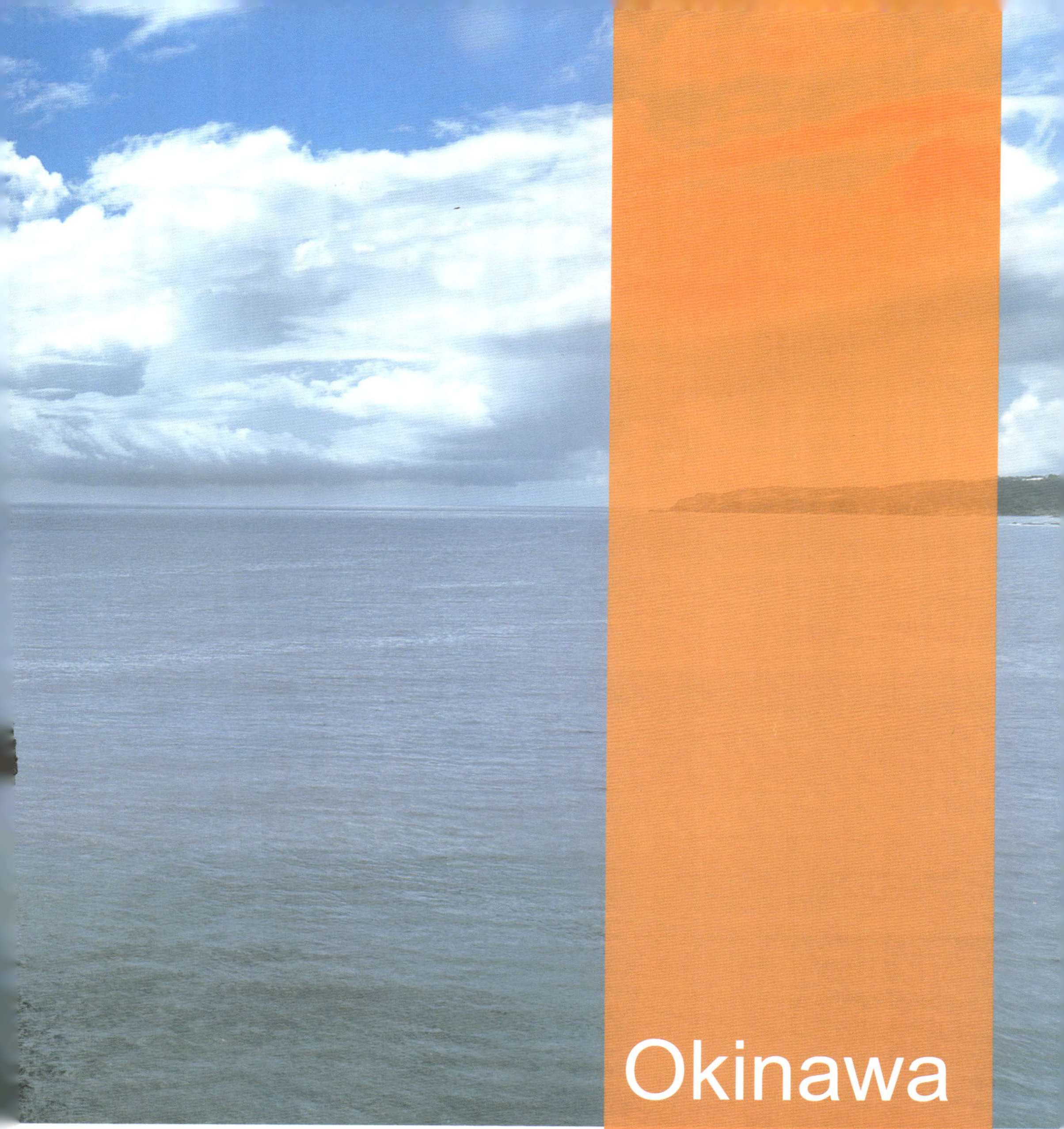

# Okinawa

# 冲绳

冲绳有丰富的自然资源，有南方岛屿特有的植物，还有海边沙滩。

冲绳的饮食习惯也和日本其他地区有很大差别，大家可以体验下只有在这边才有的美食。

冲绳人总是被认为“不像日本人”，比起大家印象中严谨细心的日本人，可能冲绳当地人会更加热情自由，独特的民风，也是这里的特色。

冲绳主要由本岛和约 160 个离岛组成，体验风土人情和冲绳特色美味、购物等在本岛，而感人的美景在离岛。

所以推荐大家的游玩方式是“本岛 + 离岛”。

如果是自由行来这里的话，交通方式基本要靠公共巴士、船或租车。

## 冲绳必吃特色食物

因为冲绳饮食习惯和日本其他各地都相差比较大，体验当地特色美食还是很新颖有趣的。接下来介绍的美食你一定会在冲绳的大街小巷看到。

### ◎ 冲绳甜甜圈 Sa—ta—Andagi—

这种美食在冲绳随处可见，油炸而成的“球形甜甜圈”，一般都是淡淡的甜味，松软的口感。可能会有黑糖、紫薯等各种味道。住在冲绳的酒店早餐中经常都会看到它的身影哦。

### ◎ 海葡萄

海葡萄在冲绳的居酒屋、餐厅里很常见。如其名，长得像迷你葡萄。

沾少许酱油，像刺身一样吃，有鲑鱼籽爆珠一样的口感。

冲绳以外的居酒屋也许也有海葡萄，但新鲜程度都比不过当地的。

### ◎ 炒苦瓜

冲绳的炒苦瓜真的很好吃。可能会颠覆你对苦瓜的印象哦。

厨师在炒这道菜时，通常会加入午餐肉、鸡蛋、鲣鱼皮等，所以其口感一点都不苦。它已经是冲绳料理的代表啦。

## ◎ 冲绳荞麦面

在冲绳吃特色面食——冲绳荞麦面时，你会看到汤面中有大块的猪肉作为浇头在上面，这块肉烧得入味、美味，面条充满嚼劲。

## ◎ 冲绳黑毛猪（agu 猪）

冲绳黑毛猪在全日本范围内都很有人气。因其饲养难、数量稀少，所以十分珍贵。

它的脂肪带有甘甜味，一片五花肉看上去油脂含量高，其实其胆固醇含量是一般猪肉的 1/4，谷氨酸含量是一般猪肉的 3 倍，完全没有腥气。吃在嘴里只有香，不腻。

推荐大家吃冲绳黑毛猪的火锅。

## ◎ Orion 啤酒

Orion 啤酒是冲绳特产的啤酒品牌之一，其口感清爽、轻盈，特别符合冲绳海岛的天气。喝一口，你就能够感到“在海边”的味道。

注意：未成年人不可以饮酒哦。

## ◎ 金楚糕（ちんすこう）

金楚糕是冲绳的传统饼干，脆脆的，很好吃。

现在你能在纪念品店买到各种口味：海盐口味、牛奶口味、香蕉口味、巧克力口味……

要说它最特别的就是用猪油取代黄油来制作。

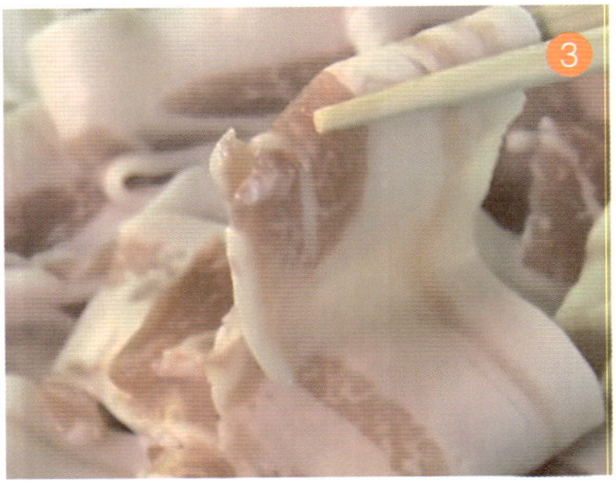

1.冲绳荞麦面

2.Orion啤酒

3.冲绳黑毛猪（agu猪）

4.金楚糕（ちんすこう）

## ◎ 冲绳泡泡茶

冲绳泡泡茶是一款特别神奇的茶！它长得就像是动漫里会看到的大碗米饭一样，山形，满满一碗白色泡沫，在碗底有一些茶。

听说，这是因为当地水质的高硬度，才打出这样的茶来。

它泡沫的口感很神奇，是很有弹性的，像在吃空气一样。还有淡淡的玄米香味。

这么特别又适合拍照的茶，来冲绳的你记得一定要尝试哦。

## ◎ 泡盛酒

泡盛酒是一种冲绳特有的蒸馏酒。一般日本酒（清酒）度数是十几度，烧酒（蒸馏酒）度数在二十几度，而泡盛酒度数通常都有 25 至 40 度。

加冰或者苏打水也是当地人气的喝法哦。

注意：未成年人不可饮酒哦。

## ◎ 国际通

国际通位于那霸地区的中心地带，长1.6千米，这里可以说是全冲绳最热闹的地方了。

这里绝对是吃货和“购物狂”的天堂。各种餐饮店、纪念品店聚集在此。

国际通隔壁的国际通屋台村，于2015年开业，那里汇聚着20家各式各样的料理店和居酒屋，整个冲绳的美味好像都汇聚在这里了。

地址：那霸市县厅被扣交叉点到安里三叉路之间的1.6千米观光街道

## ◎ 冲绳美丽海水族馆

美丽海水族馆是冲绳王牌景点之一，是世界级的水族馆。

这里以“生动展现冲绳神秘”为主旨，如其名，这里简直是把整个冲绳美丽清澈的海都给大家展示了。

馆内10米×35米的巨型水槽也是世所罕见的。大家看到图有没有觉得很眼熟？

这里被很多影视剧当作取景地，是浪漫约会的好去处。

除了浪漫，这里的展示方式也别有用心。

比如路线设计，让你感官上先从海面观赏：珊瑚，可触碰的海洋生物等，最初你看到的是阳光穿透进来的展示池；而后越来越暗，让你逐渐潜入“海洋深处”欣赏深海生物，十分特别。水族馆太治愈心灵了。

地址：国头郡本部町石川424番地

## ◎ 琉球村

500 多年前的冲绳是琉球王国，现在虽早已物换星移，失去了昔日的风貌。但在这里——琉球村，时间如静止一般，他们仍保留着古老的建筑和传统。

在室内你会听到有人拿着古老的乐器唱着当地的民歌，可以体验穿戴他们的传统服饰（与和服还是有很大差别的），体验特色手工，体验画酒标制作一瓶属于自己的泡盛等。各种新奇的体验，无与伦比的风景，来冲绳的你也不妨来体验一下“穿越”吧。

地址：恩纳村字山田1130

交通：从那霸乘坐冲绳巴士，琉球巴士名护行大约60分钟到琉球村下车可到达

## ◎ 胜连城——Gusuku城迹

冲绳曾经被称为琉球，拥有和日本本土其他地区完全不一样的独特的历史，这里保留了许多世界遗产，如曾经国王或英雄居住过的城迹——Gusuku。

甚至有人特意来冲绳逛不同的城迹并以此作为其旅途最大的目的。

在所有被登记为世界遗产的Gusuku城迹中，胜连城是最古老的。

在这里你可以感受到悠久的历史，感受到古人的智慧，在绝崖断壁处依着地形砌出的石墙是那么壮观。

这里位于胜连半岛高台，望出去的绝景，太美了。

地址：uruma市胜连南风原3908

交通：那霸市中心巴士两小时左右，根据出发地查询巴士路线

## ◎ 本岛最北边yannbaru（山原）——大石林山

冲绳不仅有漂亮的大海，还有山。

冲绳本岛北部山地通称为 yannbaru（山原）。

奇岩怪石、亚热带森林，踏入一步，你眼前就是 360 度全景的纯原生态景观。

2 亿 5 千万年的岁月孕育出奇迹般的景色，这里被誉为冲绳最佳能量景点，各种植物生长在这片森林之中，让人感觉来到这真能吸收到满满来自大自然的神秘力量。

这里有仿佛有魔法的森林、千年老树、奇岩巨石，还有可以眺望到大海的绝佳赏景点。

推荐大家来这里静心漫步半天的时间，感受古老而神秘的琉球特色景观。

地址：冲绳县国头郡国头村字宜名真1241番地

## 冲绳离岛

### ◎ 水纳岛（minnnajima）

水纳岛相对来说算是比较小众的离岛，其面积不大，没有被过度开发，海水成清澈的宝石绿渐变色，简直是日本的马尔代夫。

从上空看水纳岛成月牙形状，因此也被亲切称为“牛角面包岛”。

来到这里，你可以坐在沙滩上欣赏漂亮的海水，下海游泳、浮潜、水上项目、岛上 BBQ，能玩一整天。

附近的蓝之洞窟太美了。水是碧蓝色的，我还偶遇了狗狗来浮潜。

交通：渡久地港乘坐船15分钟可到达

往返船票：成人1 710日元

儿童860日元

## ◎ 纳嘉鲁岛

这是一座被珊瑚礁群环绕的无人岛，相对来说知名度不高，罕见外国游客身影。

洁白的沙滩和高透明度的海水让人感动。你不用浮潜，站着就可看到海底。

向海中踏入一步，脚下就是清透的海水、海参、海星、珊瑚礁。

这里是珍贵的候鸟栖息地，是海龟产卵的沙滩，在尽情享受无人岛的魅力的同时，大家也要记得保护这个漂亮的无人岛哦。

交通：那霸市泊港乘船20分钟可到达，往返票一定是连一起售的，船停泊6小时左右，班次不多，建议提前预约购买船票

## ◎ 渡嘉敷岛

这里是人气超高的离岛之一，面积约20平方千米，周边有11个大小不一的无人岛，很适合做避暑胜地。这里有被围在绿茵之中的海滩，这里的海水在阳光照射下呈现出绿色、蓝色、淡蓝色等多种颜色，像是上帝不小心打翻的调色盘，真的是人间仙境。

如果你在附近浮潜，就能看到大约250种珊瑚哦。海岛上的餐厅可以吃到正宗的冲绳美味。

交通：那霸市泊港乘船35—70分钟可到达（船或高速船可选），成人船往返3 160日元，成人高速船往返4 740日元，每天班次不多，最好提前查看当季的，并且一定提前预约哦

## ◎ 古宇利岛（过大桥）

古宇利岛位于冲绳北部，是一座可以开车到达的离岛。这里有冲绳版亚当与夏娃的传说，也被称为秘境的恋人岛。

在大桥上欣赏夕阳美景，或是在古宇利灯塔眺望海景和大桥。夏日前往的时候，晚上还可以在灯塔下参加星空观测体验。

恋人锁、恋人钟、爱心形的岩石……这里都是浪漫感十足的景色。

交通：乘坐了yanbaru巴士的乘客可以在今归仁城迹入口换乘免费巴士前往古宇利岛

## ◎ 石垣岛

有人说石垣岛是冲绳离岛游的王道之选。

石垣岛的川平湾是米其林景点，珊瑚礁特别美的海，不能错过的夜晚的漫天星空。真的是名副其实的南国乐园。

交通：从冲绳那霸机场乘坐飞机约60分钟到达，东京也有直飞到达的航班/那霸乘坐船约8个小时可到达，只适合时间充裕的人

## ◎ 濑长岛

这是离那霸最近的一座离岛。距离那霸机场的车程仅 15 分钟。

这里的 umikaji terrace（复合式商场）也是最近几年的新晋网红打卡地，有很多年轻人会喜欢的时尚店铺。

蓝蓝的天空搭配这里白色的斜坡建筑，让你仿佛身处地中海度假胜地。

交通：机场打车/机场乘坐巴士，约15分钟左右可到达

## 潜水

在冲绳多处都可以潜水、浮潜。

我是从那霸出发的，在 SEASIR 店报名跟“团”前往，去庆良间诸岛“潜水 + 浮潜”。这个开业数十年的老店，有多种项目和目的地可供选择。

比较好的是，教练非常耐心，也有会中文的教练。

我去的这片海域（庆良间）就觉得很棒，还偶遇了海龟先生，很满足。

地址：冲绳县那霸市港町2—3—13
交通：事先预约的话可以享受到那霸室内酒店免费接驳车/打车距离国际通大约10分钟左右车程即可到达

◎ SEASIR

日本的东北地区，通常指这些县：青森县、岩手县、秋田县、宫城县、山形县、福岛县。

可能说到日本的东北区域，你会常听到“陆奥”一词。东北地区自古被称为“陆奥”，最简单的理解是：道路的尽头。

因为在过去，日本的行政区是用“道”来区分的：东山道、东海道、北陆道、山阴道、山阳道、南海道、西海道；关西地区由畿内（如今关西地区也叫近畿地区，因为靠近畿内的五个地区而由来）组成（这就是所谓的“五畿七道”）。

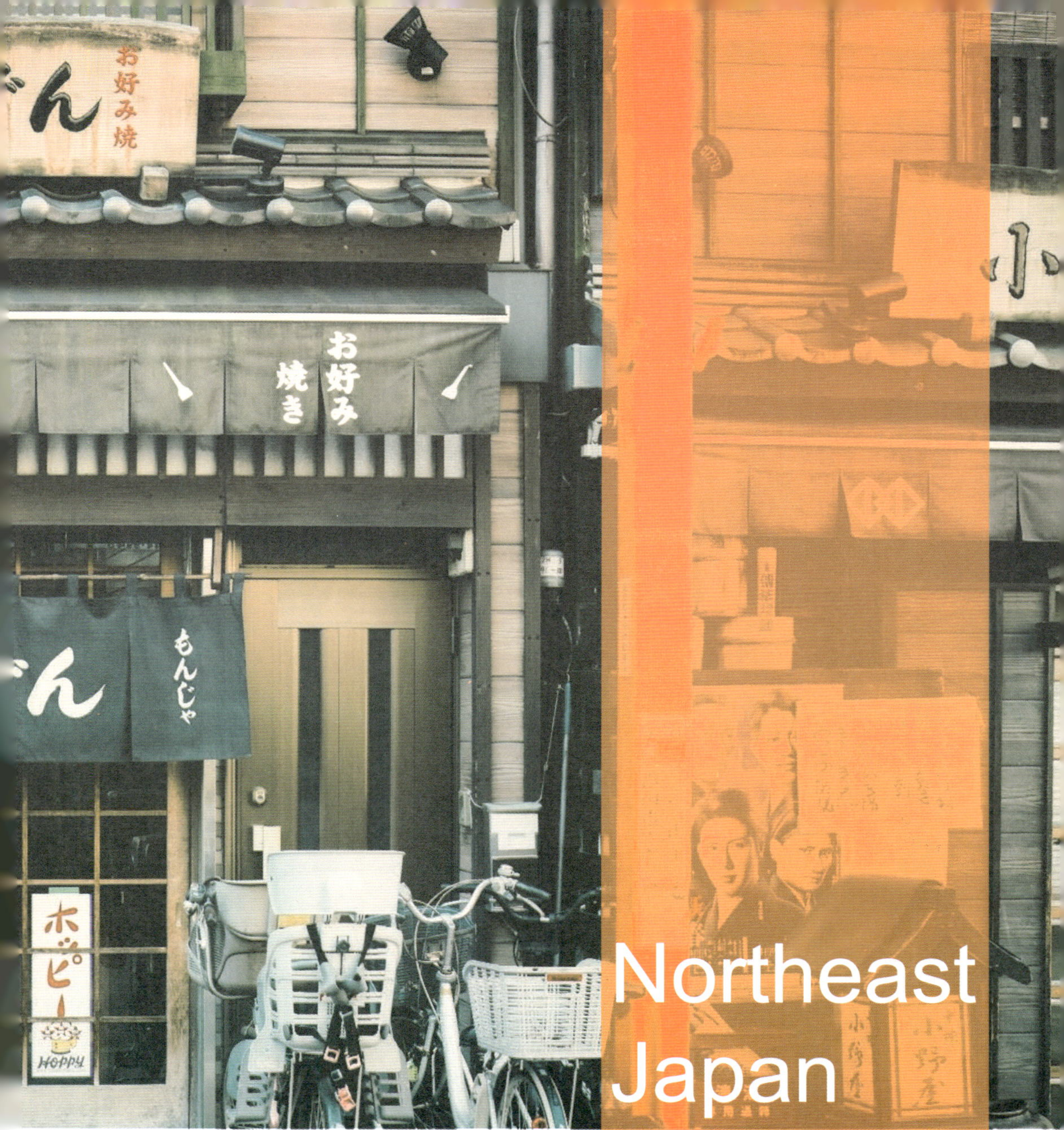


# Northeast Japan

# 日本东北地区

而东北地区的陆奥指的就是东山道之奥。（奥：日文中有“里面”“深处”的意思）

对于交通不那么发达的时代，从京都看去，东北地区的确像是道路的尽头，遥不可及。

# 青森县

青森县位于日本本岛最北边，靠近北海道。

这里有许多的自然景观，有著名的富士苹果，有美味的大间金枪鱼……

此外，这里作为冬季绝佳旅行地，目前还未被国外游客广为熟知。所以，这里没有北海道的喧嚣，有许多小众“秘境”等你去探索。

交通：从国内出发经过大阪，东京转机方式到达

飞机：上海—大阪　约2小时。

大阪—青森　约1.5小时

## 弘前城

先说一个青森县非常具有代表性的景点，也是日本东北地区仅存的古城——弘前城。

古城公园内种植着 2600 棵樱花树，这里是赏樱胜地！

这里也被称为现实版的“移动城堡”。

因天守台东面的石墙被检测出有崩塌的危险，为了保护重要文化遗产，当地政府将重达 40 吨的天守阁整体移动到了 76 米外的新天守台上。

## ◎ 弘前公园：青森县弘前市下白银町

弘前城所在的弘前城公园北之郭有一处能体验变装的地方，在这里你可以简单变装为日本古代贵族摸样（和传统的和服还是有区别的），假发套也可以搭配租借。

这就是穿了太多次和服，尝试了男装的我。

交通：弘前站车程10分钟，公共交通/弘前站乘坐bus到达市役所前，步行4分钟

变装处：青森县弘前市大字下白银町1—1

Tel：0172—33—8733

地址：青森县弘前市大字下白银町1

## ◎ Apple land

这可能是世界上对苹果最执着的一家酒店了。

我第一眼看到这个建筑和名字时感到很惊讶。

这家酒店的屋顶有一个十几米高的观音菩萨模样的雕像，左手抬高举着一个——苹果？后来我才知道这是苹果观音，而这个建筑叫appleland，竟然是一家酒店。

青森县以盛产优质的苹果而闻名于世。

大家耳熟能详的富士苹果就来自这里，而不是来自富士山哦。

酒店内处处都能找到苹果元素，就如其名，这里跟苹果主题乐园一样：客人进入房间，会看到有welcome apple，晚餐有苹果御膳可以选择，每一道菜里都有苹果（如果不要苹果御膳也可以选择自助餐，也可以在很多菜中吃到苹果）。

当然，这里还是主打苹果温泉。店家每天都在温泉池中换上新鲜的苹果，让它们陪你一起入浴，看到漂浮着满满苹果的池子，感觉有点儿奢侈啊。贴近后，你会闻到淡淡的果香味、甜味。这不仅可以放松心情，据说对身体也很好，果酸也有美肤效果。

苹果爱好者们可以来尝试下这个神奇的酒店哦。

地址：青森县平川市町居南田166-3（到达弘前站，可预约，酒店一天有数趟免费接驳车）

## ◎ 佞武多博物馆 WA RASSE

到一个地方旅行，了解当地文化是旅途的一大乐趣。

青森县最有名的活动就非佞武多祭（俗称“睡魔节”）莫属。

睡魔节是每年8月在青森举办的大型夏日祭典活动，活动上会有彩车和彩灯的游行，搭配人们的吆喝，敲锣打鼓十分热闹，是举世闻名的日本一大祭典活动。如果你不是 8 月份旅行正巧赶上睡魔节也没关系，来到这里也可以感受青森传统的佞武多祭的历史及魅力。

睡魔节已经有300多年历史了，馆内工作人员告诉我，睡魔节（日文是：ねぶた，其发音是：nebuta）的发音与“困”字相近（日文是：ねぶっか其发音是：nemuda）。

所以，这是一个为驱走夏天妨碍劳动的睡魔，且寓意祈求五谷丰登、合家平安的祭典活动。

在博物馆，你可以通过大屏幕感受祭典的热烈场面，可以体验佞武多鼓乐伴奏下和“跳人”一起跳跃或体验打鼓，可以近距离欣赏用针线木材做工精细的灯笼和我国的灯笼有异曲同工之处，也可以亲手贴灯笼纸等。

地址：青森市安方1-1-1佞武多之家
交通：JR青森站步行1分钟

## ◎ 白神山地

白神山位于日本北部青森县和秋田县之间边界地区，高 1000 米左右。

这里有世界最大规模的山毛榉原生林，也是世界自然遗产。

你可以选择 1—4 小时的短途参观，也有 5—8 小时的专业登山路线供你选择！

在这里，你可以体验到大自然无穷的神秘力量、伟大。但你需要有点体力哦。

无论怎样，来这里进行一场酣畅淋漓的森林浴，一定会让你的身心得到净化和放松。

该区域中十二湖之一的“青池”是著名打卡点。

它像是上天不小心打翻了墨水一样，是大自然打造出的清透蓝色，有一种特别的魅力。

注意：山地面积比较大，根据你的目的选择前往何处。

1.游览十二湖路线

地址：青森县西津轻郡深浦町森山

交通：JR五能线十二湖站乘坐弘南巴士奥十二湖行15分钟，奥十二湖站步行15分钟

2.登山路线

暗门瀑布路线的登山口，从JR弘前站乘坐公交车一个半小时可到达（有些登山路线，没有bus可以直达要提前调查清楚）。

3.轻松散步路线，白神森游山道

从JR鯵ヶ沢站打车约半小时

# 岩手县

岩手县占地面积排在日本所有县的第二位，因为受到来自山海满满的恩惠，这里的渔业和农业都非常出色。

这里拥有绵长且富有特色的海岸线，众多雄伟的高山和独特的大自然美景。

到了冬季这里是滑雪胜地。

这里四季分明，民风淳朴，食物美味。去过岩手县后，我对其的评价已达满分。

交通（上海有直达岩手县的飞机）：上海—岩手县 约3小时

## 安比高原

安比高原有日本屈指可数的四季度假村。在这里一年四季，你可感受到不同的游玩乐趣：春天、夏天、秋天这里会举办各种活动，冬季这里就变成了一座庞大的滑雪场。

当然一年四季都不会缺少的就是温泉和美食了。

这样的度假村一站式的完美体验，推荐给“懒人”。

不用花过多的时间做攻略，玩得非常效率、省心，而且如果你累了，还可以随时回酒店休息，出门也不用带很多的行李。

来这边住宿、游玩，最好至少空出 3 天 2 夜，因为这里真的是太大啦。

分享给大家我的 3 天 2 夜行！

### Day 1

→中午：到达并入住。

→下午：体验雪山顶散步。在滑雪场乘坐缆车 20 分钟到达山顶，穿上雪地专用鞋，感受银白世界的美。这里总有一些新雪覆盖的区域是没有人踏过的，周边都是白桦树，有一种日本电影《情书》取景地的感觉，特别梦幻，特别安静。

→晚上：在酒店内享用自助餐。自助餐因季节不同食材也有所不同，我去的时候雪蟹是畅吃哒（这边好多家餐厅可以选择：中餐、西餐、烤肉、日本料理、自助等）。

→深夜：泡温泉。温泉大浴场离客房比较近，当然也有室外温泉（这边温泉不止一处）。

度假村领地内的室外露天温泉，滑雪场

可在度假村报名游玩雪地车，滑雪场顶上山顶看星空

## Day 2

→上午：滑雪。这里遇到的老师是我见过教滑雪教得最牛的。而且这边雪道宽敞，初学者滑道也很宽敞，旁边有白桦树的，美爆了。

→中午：在雪窖中吃正宗芝士火锅。

→下午：雪地越野车体验。这个真的很酷。

精力充沛或者带小朋友的游客，我推荐游玩雪上项目——滑雪圈，雪地车拖着雪圈特别刺激。在这里，我还偶遇了可爱的柯基宝宝。

→晚饭：去超级好吃的烤肉餐厅用餐。在这里，你可以吃到安比高原牧场自己养殖的牛，味道绝不输给 A5 级的神户牛。

→深夜：乘坐专门的车到达山顶看星空。我去的这天，工作人员说夜空看得不是很清楚，可即便如此，我已经觉得美到说不出话了：近视的我都能看到星星连成的线，清楚地看到猎户座。所以，这个项目你一定要体验。

酒店晚餐多家餐厅可选择有自助餐、烤肉等。

## Day 3

→上午：泡室外露天温泉白桦之汤，这是东北地区最大规模的露天温泉，雪景超美。

→中午：离店。

坐缆车上度假村内的山顶散步，儿童玩雪项目也值得体验。

## 猊鼻溪

这里一瞬间给我一种到了江南水乡的错觉：小桥流水、戴着斗笠的船夫站在小船的船头上，这画面真的很不“日本”。

被白雪覆盖的季节，这里就像一幅黑白水墨画，四季拥有不同的美。

这里叫猊鼻溪，是位于日本岩手县一关市的溪谷，长约 2 千米，溪谷两岸的峭壁高达 50 米，最高 100 米。两岸都是奇石怪岩，偶尔还能看到神似某物的岩石，如夫妻岩（看上去真像一对男女的侧脸）等。

这里也是被指定为日本国家级名胜的景点，是日本百景之一。

除了奇岩怪石，溪谷中还能看到瀑布，钟乳石等自然景观。

河上有很多野鸭子在悠哉地游行，你可以喂鸭子。这样的大自然环境和宁静感让你觉得自己仿佛来到了世外桃源。

哦，对了，冬天的船上还有带被子的电暖桌，就是小时候小丸子动画片里看到他们家冬天家人都会围着坐的电暖桌。暖暖地吃着冰淇淋看着外面风景，太享受啦。

地址：岩手县一关市东山町长坂字町467

交通：JR一之关车站换乘JR大船渡线，猊鼻溪站下车步行5分钟

## 平泉地区（世界遗产聚集地）

岩手县平泉町 2011 年被列为世界文化遗产。

这里的记载名称是——平泉，是一片象征着佛教净土的庙宇、园林与考古遗址。所以在这片区域游玩，你会看到一系列的寺院。

平泉地区著名的景点有：毛越寺（毛越寺内附镇守社遗址，庭园），中尊寺（中尊寺金色堂，金色堂覆堂，中尊寺圣藏，中尊寺境内），观自在王院遗迹，无量光院遗迹，金鸡山等，它们都是世界文化遗产。

11—12 世纪，据说这里可是仅次于京都的日本第二大繁华地区。平安时代后期，这里是日本北部的政治文化中心。

我不由得感叹当时的平泉繁华宏伟，不知为何，来到这里，心情会变得那么平静。

### ◎ 毛越寺

如果你看毛越寺的伽蓝复原图，便可以感受到其当时的规模，与其说这是一个寺庙，不如说这里简直像一整座城市。

这里最繁华的时候，仅这个寺庙就有 40 座塔堂，500 间禅房……

在古代战争不断的环境下，战争中因为背叛而失去了父亲、妻子和孩子的藤原氏决定不再循环报复，而是用巨大的财富争取和平，建造一座寺庙来安抚死者的灵魂，让生存的人们能够和睦相处，并且祈求和平。

虽然后来许多建筑都被大火烧毁了，现在遗留的并不多，但站在这片净土上仍然能够让人感受到一种宁静，感受当时的辉煌，曾经的美好事物不论经过几百年的时间，仍然能打动人心……

地址：岩手县西磐井郡平泉町平泉字大泽58

交通：JR平泉站步行9分钟

## ◎ 中尊寺

奥州藤原氏灭亡后，很多佛堂都损毁消失了。但是在这里，金色堂、经藏、金色堂覆堂等6件国宝，重要文化建筑以及其他全盛时期遗址都保留得比较完好。

用了20余年建造，被庄重地贴满金箔的中尊寺金色堂真是太壮观了，这里的天顶都是金色的。

地址：岩手县西磐井郡平泉町平泉字衣关202

交通：JR平泉站步行20分钟，或JR平泉站乘坐观光周游bus

## ◎ 观自在王院遗迹

观自在王院遗迹是奥州藤原氏第二代基衡的妻子建造的寺院遗迹。

在大小两栋阿弥陀堂遗迹的前面，以舞鹤池为中心的净土庭园延展开来的观自在王院遗迹，其背后是金鸡山。这里的庭园遗迹构造完全参考了日本最古的庭园书籍《作庭记》中的做法——表现出“极乐净土”的庭园。

世界遗产委员会称观自在王院遗迹与毛越寺、无量光院遗迹均是“作为现世佛国土（净土）的象征性表现而建造的”资产，对其有极高的评价。

地址：岩手县西磐井郡平泉町平泉志罗山
交通：JR平泉站步行7分钟

## ◎ 无量光院遗迹

无量光院遗迹仿造京都宇治平等院凤凰堂的阿弥陀堂与环绕其周围的池塘为中心构建伽蓝。

虽然奥州藤原氏灭亡后，伽蓝损毁，荒废池塘也变成了水田，但主殿一直完整并得以保存。

“与池塘、树木、金鸡山山顶关联，周密配置佛堂，是实体化的理想之乡的光景”这是世界遗产委员会对它的高度评价。

夕阳时分，太阳回到金鸡山后面的那一刻，倒映在水中的夕阳简直美到无法形容。

地址：岩手县西磐井郡平泉町平泉花立
交通：JR平泉站步行10分钟

## ◎ 金鸡山

金鸡山是奥州藤原氏在该山顶建造有经塚的信仰之山。

净土庭园中，毛越寺、观自在王院遗迹、无量光院遗迹这三处聚焦在神圣之山——金鸡山，因此金鸡山的存在是平泉的突出特征。

金鸡山位于毛越寺前往中尊寺方向的途中，十分钟可爬到山顶，没有过多被人为打理，仍保留了很多大自然该有的感觉，是一座朴素的山，但也是世界遗产，这会让你感到意义非凡。

地址：岩手县西磐井郡平泉町平泉字花立

交通：平泉站乘坐bus5分钟到达悠久之汤，步行3分钟可到达

## 四季都很美的温泉旅馆——游泉　志伊达

这家温泉旅馆深得我心。

整个温泉旅馆有 28 个房间，每个房间都设有直接从源泉抽取 100% 天然温泉水的露天私汤温泉。你可以在传统和风的私人空间中，尽情放松身心。

而且这里的温泉历史悠久，已有 1300 年，是泉质非常优秀的温泉（也有公共露天温泉，在日式庭院中，拥有开阔的视野、石砌的池子，环境很优美）。

因为旅馆就被大自然包围着，所以从房间里望出去的溪谷流水、天然温泉全部都是属于你一个人的风景。你可以细味四季变换的不同美景，真是奢侈的享受。

这家温泉旅馆主打日式招待，整个旅馆装修就是传统和风的，晚餐的会席料理选用当季最新鲜、美味的食材，服务员的态度会让你感受到周全暖心的招待。

这家温泉旅馆里其他的公共设施也很齐全：画廊、精油 spa、室外足汤、纪念品店等应有尽有。

旅馆名字：游泉 志伊达

地址：岩手县画卷市汤口志户平11-2

交通：东北本线 花卷站打车15分钟，或巴士22分钟可到达；新花卷站，花卷站，仙台站有酒店免费接驳车可咨询

## 岩手县的传统美味——椀子面

岩手县有个当地特色美食叫“椀子そば（わんこそば）”，据说是日本三大荞麦面之一。

而“椀子（わんこ）”这个日语的发音又和小狗是谐音的，在见到实物前我就误以为是一种和狗狗有关的可爱的食物。

到了现场，我才发现这竟然是敲锣打鼓挑战“大胃王”的一种美食。

最开始，服务员会在你面前摆上一个大空碗和一些小菜。敲锣打鼓的仪式后，挑战正式开始，全程将有一位工作人员“陪同”你吃饭。

她会端着几十个小碗，每一碗里都有一口荞麦面。

在你吃完每一口的瞬间她就吆喝着，不断地把新的面添加到你面前的碗中（在日本，别人给你夹菜你不吃掉是很不礼貌的)。她们不会让你停下来，而是不断地给你添加新的面，一碗接着一碗……

所以这个传统美食，据说怎么“停”下来不吃，也是有讲究的。

荞麦面好消化，所以传统吃法是一口吃下去，不要咀嚼。

厉害的人五分钟就可以吃几十碗。这里也不限时，所以这家店的最高纪录有人吃了400多碗。

这是他们特有的招待客人、民俗习惯延续至今的饮食文化。

据说每年还会有吃椀子荞麦的比赛呢。这样独特的体验，你敢挑战吗？

椀子荞麦的标配，会先给你一个大的空碗+小菜。
(有时候还有刺身)

开始的时候还有人敲鼓吃喝!

我的“战绩”……

一口一碗，一碗10克左右

然后工作人员会拿着很多很多装着面的碗，不断给你碗里加面！
1v1陪你吃饭!

# 秋田

梦迪对秋田的印象标签

秋田美人　重视传统　美味大米

温泉大县　东京的5.3倍大　秋田犬

田地、森林、大自然！熊出没注意

## 秋田市

秋田人口最多的地方。
不来这里你不知道擦肩而过的秋田美女有多美；夏季限定活动上从老到小都会“耍杂技”。

## 男鹿市

濒临日本海，在大片绿色田野和丛林上空飞行的体验；感受来自生剥鬼的“关心”；晚上在温泉乡享受日本海的恩惠。

## 仙北市田泽湖区域

打败德国当地啤酒称为世界冠军的小众啤酒在这里；了解田泽湖美丽的神话传说；亲眼看到瀑布可以成丝这般温柔治愈。

## 仙北市玉川温泉

能治疗众多疾病的日本第一强酸性温泉；真正的温泉度假疗养地原来在这里。

## 角 馆

穿着浴衣感受穿越，曾经的幕府如此壮观；亲子盖浇饭可以这样美味；路上偶遇的地道秋田犬多可爱。

## 秋田市

几乎很少有飞机能够从国内直达秋田，一般都需要在东京或者北海道转机。所以，如果选择只去秋田一地游玩的话，大家记得要预留好半天的时间在路上哦。

交通（飞机）：上海—东京 2.5—3小时，东京–秋田 1小时

## “秋田文化产业设施：松下”——感受舞伎的美

在中国总听说四川“产”美女，在日本也常听说一个词叫“秋田美女”。秋田自古以来被誉为“出产”美人最多的地方。原来我以为是山好、水好、环境好的原因。但去了秋田，当地的人告诉我最主要的原因，其实秋田是日本光照时间最少的地方。所以这里的小姐姐各个肤白貌美的。中国古话中也说“一白遮百丑”，拥有白皙的好皮肤真的是判断美女的关键因素。

来到秋田，走在街上寻找秋田美女是一件很有趣的事，即使是身为女生的我，也忍不住在街上东张西望，多看几眼。

我要告诉大家，有一个地方你是100% 可以见到秋田美女的，那就是观赏当地秋田美女的歌舞伎表演。

大家印象中舞伎似乎是京都文化，但其实秋田也有保留很多传统文化，其中一个就是“秋田舞伎”，秋田舞伎更加亲民，跳舞的歌曲曲调和词中也充满着当地特色。

在这里，除了看舞伎表演之外，你还能体验由舞伎小姐姐亲自端给每个人的抹茶和和菓子点心，和大家互动玩游戏。

秋田美女的美不仅仅停留在脸和华丽的衣服，他们的一举一动，都让人觉得很优美。一定要欣赏她们的表演哦。

最后别忘了跟她们合照。

地址：秋田县秋田市千秋公园1—3松下
营业时间：观赏舞伎表演需预约
（email：info@akitamaiko.com）
交通方式：JR秋田站大约步行10分钟
官网：http://www.matsushita-akita.jp/

# 秋田杆灯节——日本重要无形民族文化遗产

秋田杆灯节的活动于每年8月3—6日举办，算是秋田的七夕节了。秋田属于日本东北部寒冷地区，冬季漫长，一旦夏季到来便会举办各类祭祀活动。

如其名，在这个节日里，人们会举起最长达12米、重50千克、挂满灯笼的竿子游行。竿灯长得像麦穗的形状寓意五谷丰收。

参加节日的人们不仅拿着竿子行走，还将竿子放在自己额头、腰部、肩膀等保持平衡，简直就是“耍杂技”。

重点是，这些人并不是专业的，基本都是当地普通居民、上班族、孩子们。你会看到刚学会走路的孩子也举着迷你版杆灯在游行。在90分钟的时间里，长达1千米的街道被250盏竿灯照亮，真是美到难以形容。太鼓和笛子的乐声，鼓舞的叫喊声，路边民众的叫喊加油声，欢呼和鼓掌声不绝于耳，看着快倒下来的杆灯会让你有时刻捏着一把汗的临场紧张感（但放心，这是人们故意为之的）。

游行期间，总观众大约140万人，可以毫不夸张地说，这是我见过最震撼的夏季活动了。

◎ Tips

在这里，活动开始前就有夏日祭屋台，有很多小吃摊、捞金鱼等，你可以感受日本夏日祭氛围。

16:00—17:00你就要占位置啦，一定要提前到，晚到就没有好位置了；

18:15开始交通管制；

18:45杆灯入场，游行；

19:20—20:25杆灯表演；

20:25演职人员和观众互动时间（可以合照等）。

（以上时间仅供参考）

请注意，马路中间看台位置需要买票，提前预约，就不用占位置。

你也可以买杯酒，买点小零食边看表演边小酌一杯哦。

地址：〒010-0922 秋田县秋田市旭北栄町
官网：http://www.kantou.gr.jp/guidemap/
交通：JR田泽站步行15分钟

## Daiwa Roynet Hotel秋田

这家酒店地理位置独特，你可以从酒店房间内看到杆灯节游行。

作为商务酒店，这里的房间十分宽敞，你完全可以摊开行李箱（日本很多商务酒店房间内是真的很难摊开行李箱）。

地址：秋田县秋田市大町2丁目2－41
交通：从秋田机场乘坐机场大巴（40分钟）在交通公社前下车，步行一分钟/JR秋田站西口步行15分钟/打车5分钟

## 无限堂——酒店附近的晚餐

从 Daiwa Roynet Hotel 秋田酒店大堂出来右转右转再左转，步行 5 分钟有一家非常不错的料理店，这里晚上提供定食套餐，你可以每一样一小份品尝多份美味，很适合女孩子。

地址：秋田市中通2丁目4-12（距离JR秋田站1212米）
午餐时间：工作日11:00—14:00/周末，休息日11:00—14:30
早午餐时间：仅限周末，14:30—17:00
晚餐时间： 17:00—22:00

## 男鹿市

说到男鹿不得不提一个鬼神文化——生剥鬼（namahage）。

大家别听到鬼就害怕，虽然红色、蓝色鬼模样的长相和声音可能会把小朋友吓哭，但他可是“好”的鬼。自古以来监督人们勤劳工作，惩罚“坏孩子”。

所以从小被生剥鬼监督的秋田县的孩子们都会好好学习。据统计，秋田是全日本学习成绩最好的县了。

## 男鹿真山传承馆

这里是体验地道民俗的好去处。

在这里，你可以看到最典型的男鹿古民家的样子，可以看到传统除夕夜的民俗活动生剥鬼节——生剥鬼来居民家里表演，可以说十分震撼。就算听不懂他们的语言（土话，就算懂日文也不一定都能听懂），但现场的气氛一定会给你带来不一样的体验、快乐。

此外，你还可以体验变身当生剥鬼哦。

地址：秋田县男鹿市北浦真山字水喰沢97

交通：羽立站出租车20分钟

入场费：800日元

官网（有中文）：https://www.namahage.co.jp/namahagekan/chinese_simple/

## 入道崎——仿佛来到日剧里的海岸线

入道崎是一个非常安静的地方，这里的海岸线清晰可见。如遇晴天，呈现在你面前的就是纯粹的碧海蓝天，你仿佛来到了世界尽头，很像日剧取景地。这里也被评为日本夕阳百选之一，可以看海上日落。

这里有北纬40度线的碑石，有可以登高望远的灯塔，很适合拍一套小清新的写真。

地址：秋田县男鹿市北浦入道崎昆布浦2

交通：JR男鹿线羽立站乘坐中央交通巴士行驶50分钟，下车步行5分钟（此处交通不是很方便，人多包车，短期观光团，乘坐出租车最便捷）

## 男鹿温泉结之宿：

## 别邸 椿——在温泉乡享受极致美食和温泉

为消除旅途的疲劳，深度享受男鹿美景，选择一家温泉旅馆十分必要。在这里的客房中向外张望，海景和绿色植物一览无遗，还有含有高保湿成分的天然露天温泉，可以看到日本海的温泉哦。

在这里你晚餐享用当地特色海鲜，大海近在咫尺，所以食物新鲜。你会看到一桌精致的会席料理。这家可是在秋田，唯一一家以料理为特色入选为由酒店专业人士评选的日本旅馆100选，而且是连续十三年入选其中，对于料理的美味程度你绝对可以期待。

地址：秋田县男鹿市北浦汤本字中里81

电话：0185-33-2153

交通：JR男鹿站，打车半小时/14:40有一班免费的酒店接驳车，需要提前三天以上预约

## “生剥鬼太鼓 恩荷”的表演

在这里，每天晚饭后还有个推荐项目：传统生剥鬼和现代和太鼓融为一体的表演。

太鼓的震动感染着你浑身的细胞，生剥鬼还会跑到台下互动……

你可以穿着酒店的浴衣，乘坐酒店免费接驳车去观看。

门票记得在前台提前购买哦。

五风生剥鬼太鼓表演（门票）：成人540日元

## 寒风山——滑翔伞

如果你想比站在展望台上看到更高、更广阔的风景，那么我推荐你去玩滑翔伞。真正成为“鸟人”，翱翔在天空中。

滑翔伞，基本上全程都是平稳的，不会有急速下降的失重感。不算刺激项目，对于有恐高症的人来说跳下去的瞬间是有些害怕刺激的。

## ◎ 寒风山滑翔伞学校

在这块区域玩滑翔伞，你会感受到秋田 70% 都是绿色。下面铺着一层由田野、树林织成的深浅交织的绿色地毯，不会让人感到害怕。能看到远处的海平面，空中是那么安静。

我玩的是体验课程，有 25 年以上经验的教练带着飞，什么都不用担心哦。

地址：男鹿市胁本富永寒风山1－1电话：0185-25-2077

*体验飞行4月—11月开放，最好提前预约。

费用：和教练一起（两人）飞行体验 7600 日元/次/人

所需时间：30分钟

官网（日文）：http://www.kanpu.jp/index.html

# 仙北市田泽湖区域

## 田泽湖

田泽湖是日本最深的湖，世界第 17 深的湖泊。面积 25.8 平方千米，最深处 423.4 米。

清澈的琉璃色湖泊，有一种神秘的美。田泽湖畔景色也很优美，以山为背景，让你一年四季都能欣赏到不同颜色的自然美景。

田泽湖边最有名的拍照点就是辰子像了。关于这个雕像有一个传说……

“很久以前，村庄里住着一位名叫‘辰子’的美丽姑娘，她希望自己可以永葆美貌，于是就去恳求大藏观音百日百夜。观音让她喝干湖水，她就照做了。结果在喝干湖水之前，她变成了一条龙，沉到了湖底，成为了守护这个湖水的‘湖神’”。

听到这里，你可能认为这只是一个悲剧传说，但故事并没有结束。

在八郎潟同样有一位变成龙的男孩——八郎太郎，与辰子相爱并常常来拜访辰子。

因此，这片湖水因为两人的“爱的温度”，变成一个不会结冰的湖。

地址：秋田县仙北市田泽湖田泽

交通：秋田田泽湖站乘坐羽后交通巴士到田泽湖畔15分钟，步行可到达

## 乳头温泉乡

这是日本屈指可数的著名温泉乡，保留着古代传统的温泉疗养地色彩。听这名字有人说真是让人有点羞涩，过耳不忘。

名字的由来有两种说法：一种说法是因为在乳头山区域而得名，泉水来自田泽湖高原北侧，乳头山麓中部；另一种说法是，在日本，“头”有最上等之意。这里的温泉乳呈白色泉质，并且非常上等。

总之，这个被称为“日本东北地区秘汤 NO.1 的温泉乡”是来这边旅行的首选啦。

这里共有八家温泉旅馆，各具特色，且泉质功效也有一些不同。

你可以选择一家自己喜欢的旅馆入住。还有特别的享受方式，就是买一张 7 家温泉旅馆的温泉巡游票，花 1800 日元泡 7 家哦。

温泉巡游票可以在 7 家温泉旅馆任意一家的前台购买。温泉旅馆之间还有巡游大巴特别方便。

每家温泉旅馆都有室内、露天等不同种类的多种温泉，一天逛多处的话要预留好时间和体力哦。

7家温泉旅馆分别是：

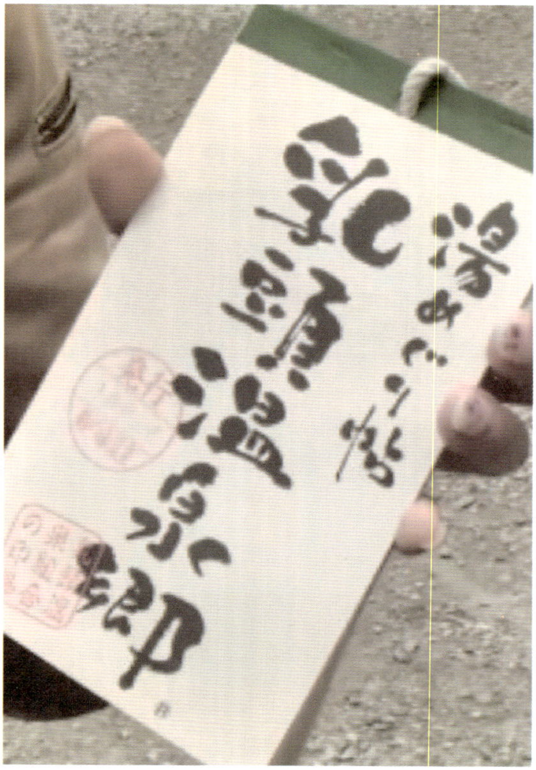

## ◎ 鹤之汤

温泉乡中最古老的，江户时代传承至今的温泉旅馆。据说是某位猎人当时看到鹤在此疗伤而发现并命名。这也是曾经秋田藩主汤治疗养所使用的秘汤。

旅馆的房间，使用了传统茅草屋顶，古色古香的和风建筑可以感受到满满的复古气息。如果是冬天来，冰天雪地里的露天温泉也特别享受。

泉质对以下几种病有缓解作用：高血压症、动脉硬化症、皮肤病、风湿、糖尿病。

注意：对不住宿的客人开放时间10:00—15:00，周一不可使用露天温泉

地址：秋田县仙北市田沢湖先達沢国有林50

官网（日文）：http://www.tsurunoyu.com/

## ◎ 妙乃汤

在乳头温泉乡中，和其他家对比这家相对没那么“秘汤”，身处露天温泉，你可以看到非常有开放感的溪谷景象。这家温泉旅馆十分重视室内装修和设施，装扮得摩登时尚，还有细致入微的服务，深得女生喜爱。

泉质对以下几种病有缓解作用：皮肤病、动脉硬化症、消化器官病。

注意：对不住宿的客人开放时间10:00—15:00

地址：秋田县仙北市田沢湖生保内字驹ヶ岳2-1

官网(日文)：http://www.taenoyu.com/

## ◎ 黑汤温泉

黑汤温泉是一家周边除了森林外“一无所有”的温泉旅馆，是名副其实的秘汤。木制的温泉池，纯露天共浴，真的享受一把在大自然中泡汤。这里温泉池种类比较多，有近10个。

源泉就在旅馆隔壁，能看到温泉源泉沸水涌出的样子！

泉质微微地刺肤，有一点碳酸浴的感觉。这也是一家有日本传统氛围的温泉旅馆。

泉质对以下几种病有缓解作用：高血压症、动脉硬化症、末梢循环障碍、糖尿病。

注意：对不住宿的客人开放时间9:00—16:00，冬季不营业

地址：秋田县仙北市田沢湖生保内黑汤沢2-1

官网（日文）：http://www.kuroyu.com/

## ◎ 蟹场温泉

这家温泉旅馆位于幽静的大山深处，从旅馆走出去步行 50 米左右就能到达露天温泉，是一家位于原生态树林中的温泉旅馆。

在这里，你可感受大自然，享受森林中的汤浴。

泉质对以下两种病有缓解作用：糖尿病、皮肤病。

注意：对不住宿的客人开放时间 9:00—17:00

地址： 秋田县仙北市田沢湖田沢字先达沢国有林

## ◎ 孙六温泉

这家温泉旅馆位于温泉乡的最深处，下巴士仍要步行约 20 分钟，被称为山中的药之汤，其保留着汤治温泉的传统，有神秘氛围。

泉质对以下几种病有缓解作用：胃肠病、湿疹、创伤。

注意：对不住宿的客人开放时间 9:00—16:00

地址：秋田县仙北市田沢湖田沢字先达沢国有林

## ◎ 大釜温泉

大釜温泉主打怀旧温馨风情，其是由废弃的小学校舍改建而成的，黑色的木制建筑，颇具特色。交通十分便利。

泉质对以下两种病有缓解作用：真菌症（脚气）慢性脓皮症、风湿性疾病。

注意：对不住宿的客人开放时间 9:00—17:00

地址：秋田县仙北市田沢湖田沢字先达国有林

官网（日文）：http://ookama-onsen.jp/

## ◎ 休暇村乳头温泉乡

休暇村乳头温泉乡被美丽的山毛榉围绕着，是最具现代感装修风格的温泉度假设施。这里的露天温泉也有屋顶，不害怕恶劣天气。如果居住在这里的话，晚餐是自助形式的哦。

泉质对以下两种病有缓解作用：高血压症、动脉硬化症。

注意：对不住宿的客人开放时间 11:00—17:00

地址：秋田县仙北市田沢湖驹ヶ岳 2—1

官网（日文）：http://www.qkamura.or.jp/nyuto/

## 仙北市玉川温泉

玉川温泉是真正的温泉疗养地。相传这里的温泉对多种疾病都有一定的治疗作用。

我想说这是个很神奇的温泉，这里的温泉水是有“魔力”的温泉水。

至今为止我泡过不下百家日本温泉，对这里印象最为深刻。

虽然这个温泉在国内知名度可能还不算高，但对汤治（长期滞留利用温泉治病）和秘汤爱好者来说，应该不陌生。

说了这么多可能听上去很“悬乎”我们来看看为什么这里这么神奇。

这里的温泉泉质属于超强酸性，pH值约为1.2（很久以前，这里被称作“玉川毒水”）。

大家可以看到，这是这里的工作人员给我看的实验，铁制的刀一天就消失不见了（一开始，因为看到这种现象，我对泡汤充满了恐惧）。

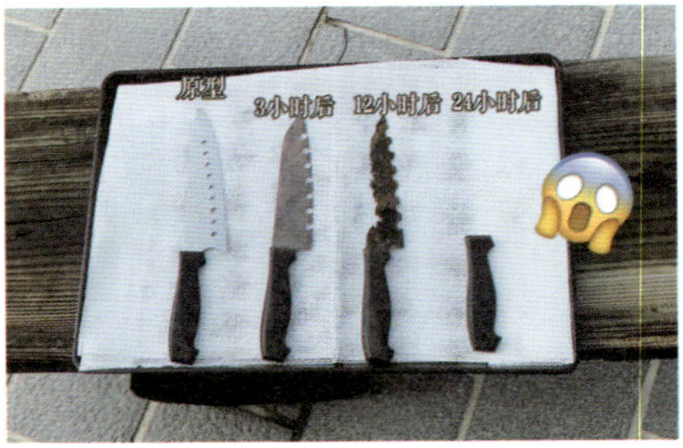

来到这里泡汤时，请你不要佩戴任何金银饰品。但是这里的泉水对布类制品以及皮肤没有伤害。

也正因为这个强酸性，使得它有较强的杀菌效果，对于各种皮肤问题，都有疗效。据说在强酸刺激下，身体里对抗病菌的能力会大大提高。甚至还有“生病提醒”的效果，泡完玉川温泉，如果哪里出现异常可以去医院检查，很有可能是某些器官有问题了。

## ◎ 北投石（可产出含镭等的放射性矿物）

这是一个含镭矿石，也是含有铅的重晶石。在世界上，只有中国台湾地区的北投温泉和日本秋田玉田温泉有北投石，它被誉为天然纪念物。微量的放射性据说可以促进人体免疫力的恢复。

所以在玉川温泉，因为源泉旁边有北投石的“天然地热岩盘浴”，像这样，每天都有很多人躺在源泉附近的地上，呼吸源泉的蒸汽，感受来自大自然的地热温度……除了泡汤，岩盘浴也是一定不能错过的。

源泉的水是宝石绿色的，特别美。但温度接近 100℃，千万不要触碰哦。

在这里躺着或坐着呼吸空气据说都有汤治效果。

零零散散的地上因源泉而冒出的蒸汽，像人间仙境。

## ◎ 关于住宿

离玉川温泉最近的有两家温泉旅馆分别是玉川温泉和新玉川温泉，它们都是由同一家公司在运营，但还是有些差别。你可以根据自己的需求选择住宿。

## 玉川温泉

在源泉附近，白天你可以步行到达这边的源泉旁边躺着享受天然的岩盘浴，吸源泉的蒸汽。

旅馆的楼房有几十年历史，比较旧，相对来说建筑比较有年代感。

这边拥有露天足汤，酒店内的人气岩盘浴下直接是由源泉的温泉水在流动加热的哦。

这里更适合长期居住的客人（居住一周以上甚至几个月的来客）。

这里除了有常规的温泉旅馆房间（有带两餐和不带餐的），还有一种房型是只提供房间的“自炊部”。可以自己做饭，厕所厨房共用，类似宿舍集体生活。

两种房型最便宜都是4000日元/晚起，根据季节会有浮动。

## 新玉川温泉

这里距离玉川温泉2.5千米，在山上，有免费班车接送。

这里适合短住来度假旅行的游客。这里有日本传统温泉旅馆的招待，和式、洋式结合的房间，服务人员态度非常好，早、晚餐自助的质量都很高，自助餐种类多，超级好吃。这里所有设备都非常的新，非常宽敞。整个住宿设施被山毛榉森林包围着，让人很放松。这里设施齐全：礼品卖店、健身区、ktv、乒乓球台、按摩椅……岩盘浴也是和玉川温泉用了一样的北投石，下面在人工放温泉水加热，并不是电加热，效果和玉川温泉一样。

两家旅馆的温泉，泡汤处的门口均有泡汤咨询室。这里有常驻专业护士可以提供咨询服务，顾客可根据自己的病情或身体情况了解如何泡汤（这是其他温泉基本没有的）。

汤池有 50%、100% 不等的浓度，你可以根据自己喜好选择。100% 浓度的如果有伤口建议不要泡。真的很疼，也容易留疤。

住房7500—14000日元/晚，价格根据季节不同而有所变化。这个价格在日本温泉旅馆里绝对是性价比特别高的

## 角馆

黑木板墙的武家宅院，四季变换风景的树木。这里被称为“陆奥的小京都”。

这里有宽广的林荫道，两边的黑木墙建筑十分气派，这些都是曾经的武士“大户人家”。

每一家相似又不同的建筑，细节的雕刻无不显示着曾住在这里主人的身份与地位。

春天，无限延展的樱花怒放着，这里是赏樱胜地。

夏天，绿叶满枝，凉风相伴，这里是避暑胜地。

秋天，树叶红黄交错。

冬天，满眼白雪和黑板组成的黑白世界。

总之，这里是一年四季的赏景散心的好去处。

你也可以租借日本传统服饰——和服，漫步在这条街区，像穿越回江户时代。

## 和服租借

角馆的武家屋敷有多家武士家，可进入参观。

里面有些有可供休息的茶室，大庭院，古董展示等。

其中我去的青柳家，进去后，里面有个小木屋可租借和服。

地址：青柳家院内（仙北市角馆町表町下丁3）

## ◎ 可能是我吃过最好吃的亲子盖浇饭

说到秋田的美食，除了大米之外，第二个我会想到鸡肉。

秋田的比内地鸡非常有名，而在武家屋敷街道上就有一家店，他家的比内地鸡亲子盖浇饭一绝。

他家一份盖浇饭使用了三颗比内地鸡的鸡蛋，而且炖煮分两次下锅。最后成品是半熟的黄金色软绵顺滑口感的鸡蛋，盖浇饭上的鸡肉也超级弹牙，再搭配秋田的大米，酱汁完全包裹在每一粒米饭上，究极比内地鸡盖浇饭的称呼非他莫属啦。

## ◎ 与秋田犬的邂逅

其实在秋田，也不是到处都能遇到可爱的秋田犬，但在武家屋敷街道有一处一定可以遇到哦。

它叫武家丸。大家可以去拜访下武家丸，见识下真正的秋田犬。

## 纪念品选择传统工艺Art&Craft香月

秋田人民非常重视传统工艺，流传着匠人精神。

至今还能在一些秋田的小店看到纯手工的传统工艺品。

纯木制作的收纳盒、饭盒，质量优秀，不夸张地说，这样一个饭盒，真的可以代代相传。

这家店除了有许多角馆特色传统工艺——樱皮细工，更有出售来自秋田各地的传统手工艺品。许多产品融合了现代审美设计，比如木制的名片夹等，时尚又好看。

地址：秋田县仙北市角馆町东胜乐丁2番地2

电话：0187-54-1565

日本关东地区主要指：东京都、栃木县、茨城县、群马县、埼玉县和千叶县。

广义上也有人把长野县、岐阜县等地算入关东地区。总之，就是和关西相反。

关东地区的人，其说话口音、饮食习惯、饮食口味、生活习惯也与关西有所不同，就像我国的南方和北方一样。所以来这里旅行，感受“关东”对比关西也是一件很有趣的事情哦。

以下主要介绍东京首都圈及其周边地区。

# Kanto Area

# 关东地区

# 东京都

东京是亚洲最大的城市之一。最前沿的建筑设计，最流行的时尚潮流，霓虹灯夜景都汇聚于此。

这里绝对是许多人第一次来日本旅行的首选目的地。这里的公共交通十分发达，虽然少许复杂，只要能搞清楚电车换乘，自由行真的非常方便啦。

## 东京游乐园特辑

东京有好几个适合亲子游、闺蜜游等的游乐园。就算是大人结伴去，也可以玩得很开心。旅途中的你不妨加入一天游乐园行程，遛娃或自己寻找童心，体验简单的快乐。

### ◎ 东京迪士尼度假区

东京迪士尼绝对是当之无愧的“亚洲第一乐园”。其分为东京迪士尼乐园和东京迪士尼海洋乐园两大主题乐园。度假区内，除了两大乐园之外，还有迪士尼主题的餐厅，主题酒店等。这里是个充满梦幻色彩的度假区。

另外，两大乐园是互不相通的，相隔约 1.3 千米，步行约 20 分钟，需要分别买票入园游玩。

如果想尽情玩遍两大乐园的话，建议预留两整天的时间哦。因为园区面积很大的，一天玩不够。

| 票种 | | 大人 | 中人 | 小人 | 备注 |
|---|---|---|---|---|---|
| 一日通票 | 一日票 | 7 400日元 | 6 400日元 | 4 800日元 | 东京迪士尼乐园或东京迪士尼海洋乐园任一园区一日通票 |
| | 老人票 | 6 700日元 | | | 65岁以上，一日通票，两个园区任一 |
| 多日通票 | 2日通票 | 13 200日元 | 11 600日元 | 8 600日元 | 两日通票，一天挑选任一园区 |
| | 3日通票 | 17 800日元 | 15 500日元 | 11 500日元 | 前两天和两日通票一样，第三天当天可随意往来任一园区 |
| | 4日通票 | 22 400日元 | 19 400日元 | 14 400日元 | 前两天和两日通票一样，第三天开始可随意往来任一园区 |
| 夜间票 | 平日夜间 | 4 200日元 | | | 工作日下午18点后可入园 |
| | 休息日夜间 | 5 400日元 | 4 700日元 | 3 500日元 | 周末，休息日15点可入园 |

票务信息：（大人18岁以上，中人12—17岁，小人4—11岁）

友情提示：如果不想早上在园门口排队买票，也可以选择提前在日本罗森便利店的购票机器上购买指定日期的门票，凭二维码直接入园，很方便（票价以官网价格为准）。

## ◎ 东京迪士尼乐园

东京迪士尼乐园由七大主题区构成，有丰富的娱乐设施、纪念品商店、娱乐表演，还有各种餐厅和小吃。

在这里，你可以在仿佛穿越到美国20世纪初的怀旧风情街道上散步、拍照，在充满科学和幻想的明日世界体验“星际旅行”，拜访经典卡通人物居住的小屋，去惊险刺激的探险乐园，在梦幻的童话世界主题区治愈心灵……千万不要错过每天的花车巡游表演。

如果只有一天时间来迪士尼，带着小朋友的话，更推荐这个经典的迪士尼乐园。

凭门票巧妙拿取和使用快速通道券，可以高效玩转迪士尼哦。

交通：JR坐到舞滨站下车步行可到达/新宿巴士终点站和一些酒店有直达巴士也可到达

## ◎ 东京迪士尼海洋乐园

东京迪士尼海洋乐园是世界上唯一一个海洋主题的迪士尼乐园。园内有七个“主题海港”区域。更充满异国风情，多了浪漫的气息。这里是特别适合情侣约会的游乐园。

与迪士尼乐园不同的是，迪士尼海洋乐园有更多成年游客，惊险刺激的游玩项目更多，因此对年龄身高有限制的项目也多一些，园内还有销售葡萄酒、啤酒等的餐厅。

当然，儿童区还是有的，亲子游也依然是个不错的选择。

有些迪士尼卡通人物的周边产品是只有在迪士尼海洋乐园才能买到的，大家可以事先做好功课查查自己喜欢的卡通人物。

这里一大特色是水上的花车表演，夜幕降临后的“地中海港湾”的水上表演，气势磅礴十分震撼。

交通：JR坐到舞滨站下车换成resort line 9分钟可到达/新宿巴士终点站和一些酒店有直达巴士也可到达舞滨站或迪士尼海洋

官网（有中文）：https://www.tokyodisneyresort.jp/

## ◎ 东京三丽鸥彩虹乐园

日本著名卡通人物 Hello Kitty 应该无人不知无人不晓吧。

东京三丽鸥彩虹乐园就是集 Hello Kitty 以及其他三丽鸥卡通明星为一体的全天候室内主题乐园。在这里，你不必担心受天气的影响，风雨无阻，随时去都可以有愉快的游玩体验。

这里真的非常受女孩子欢迎，作为热门 SNS 拍照打卡景点，你总是能在园内看到女孩子们成群结伴穿得萌萌的来拍照。

乐园内有七个娱乐设施（娱乐设施不刺激，年龄限制比较低，带孩子来玩很合适），三家餐厅，一家咖啡厅和无数拍照打卡点。下面介绍几个能高效游玩三丽鸥彩虹乐园的诀窍。

### ★和卡通人物合影

四楼的卡通人物见面区，是可以见到可爱的三丽鸥卡通人物并且一起拍照留念的地方。每天出现的卡通人物，出现的时间段记得去官网提前查看做功课哦。

### ★Kitty女士之家一定不能错过

Kitty 的房间太好看了，感觉这里集齐了所有梦幻可爱的元素。每一个小区域都很适合拍照，最后一个房间一定可以见到 Kitty 本尊哦。

### ★卡通美食

这里有很多彩虹乐园原创菜品以及可爱的三丽鸥卡通人物造型的各种美食。绝对可爱到让你舍不得吃掉。

地址：东京都多摩市落合1-31
交通：京王线/小田急线/多摩都市单轨线　至多摩中心站下车步行5分钟可到达

### ★蛋黄哥主题乐园

懒洋洋的蛋黄哥，外形声音都十分治愈。来到这里你会看到到处都是呆萌可爱的蛋黄哥。

两层楼的区域可以打卡各种小游戏，也有专门为拍照设置的房间。

### ★花车大巡游

室内的花车大巡游一定不能错过。各种可爱的卡通人物都会从你面前路过，还能看到“从天而降”的 Hello Kitty。有主题的故事情节花车巡游，特别治愈。

另外，这里每个季节都会有各种卡通剧上演，也可以关注一下，更多有趣的玩法等着你去发掘。推荐你和家人在这里度过软萌软萌的一天。

## ◎ 东京巨蛋城

东京巨蛋大家应该不陌生，是东京著名的棒球场，演唱会场地。众多男神、女神都在这里举办演唱会。而东京巨蛋旁边的东京巨蛋城，是个复合型设施。这里有众多店铺餐厅，有酒店，也有汇集了各种娱乐设施的游乐园，很适合旅途中路过、停留和游玩。

这里的游乐园也比较特别，是不需要门票即可入场的游乐园（乘坐游玩设施各支付费用），所以可以入场再考虑玩法，逛街顺便玩些游玩项目。

### ★Thunder Dolphin

最高速度 130 千米 / 小时的过山车与商场零距离，穿过商场高楼的洞，在东京市内高速空中飞驰十分酷炫哦。

### ★摩天轮

这是世界首座无中心摩天轮，可以俯瞰东京城市美景。

### ★ASOBono

这是东京最大的室内儿童设施，低龄儿童的乐园。

### ★宇宙博物馆TeNQ

这里有直径 11 米的巨大洞穴，是一个放映超 4k 的高解像度影院的剧场。能体验前所未有的浮游感和临场感，这里是个寓教于乐的好地方。

地址：东京都文京区后乐1—3—61
交通：JR水道桥站西口出来/都营地下铁三田线水道桥站A2出口/东京都下帖丸之内线，南北线 后乐园站2番出口/都营地下铁大江户先春日站6番出口

## ◎ 浅草花屋敷

浅草花屋敷是位于浅草寺附近的20世纪的超复古游乐园，也是日本最古老的游乐园了，在没有东京迪士尼，没有其他游乐园之前这里可是东京最好玩的地方。

一百多年前的游乐园相信你也一定没见过。与现代许多充满科技感的设施相反，这里能感受到的是满满的旧岁月的斑驳，20世纪的浪漫，有种别样的风味。

这里之所以名字叫“花屋敷”是因为在古代这里是一个花园，是德川幕府后宫的嫔妃和侍女在去浅草寺路上唯一允许停留的地方。至今园内还是可以看到被精心打理的花园景象，十分唯美。

地址：东京都台东区浅草2-28-1

交通：筑波快线浅草站A1出口步行3分钟可到达

票务信息：

入场费：成人1 000日元，65岁以上/小学生500日元，身体障碍者免费

畅乘券（入场费另算）：大人2 500日元，小学生2 200日元，2岁以上未上小学和65岁以上2 000日元单次乘坐券（入场费另算）：普通券100日元/张，1000日元/11张（每个游玩项目需要的票圈数量不一样）

## ◎ 读卖乐园

读卖乐园是东京都内规模最大的游乐园，这里有44个游玩项目，其中有非常惊险刺激的，也有适合低龄儿童的。

在这里，夏天有游泳秀，冬天有彩灯秀，一年四季都很精彩。

地址：东京都稻城市矢野口4015-1

交通：电车京王线到京王读卖站（京王yomiuriland站），乘坐缆车或巴士5—10分钟可到达

*推荐乘坐缆车：全年都可以从缆车观看园内漂亮风景，路过园内的过山车旁等（缆车费用大人单程300日元，往返500日元）

票务信息：

一日票（入园+游玩设施）

大人（18—64岁）5 500日元，中学生/高中生 4 400日元，小学生/65岁以上 3 900日元，3岁至上小学前儿童 3 400日元

仅入园票：

大人（18—64岁）1 800日元，中学生/高中生 1 500日元，小学生/65岁以上 1 000日元，3岁至上小学前儿童 1 000日元

注意：除此之外冬季还有夜场票大家可以观望查看。

# 东京购物特辑

很多人来到东京，有一大目的就是购物。东京可以说是名副其实的购物天堂，从服装、饰品、包具、鞋子到电器、家居、文具、玩具，可以说能满足各年龄层不同的需求。

下面介绍几个大区域供大家出行参考。

## 银座

银座以高级商店街而闻名，号称亚洲消费水平最高的地方，其与巴黎香榭丽舍大街、纽约第五大街齐名，它们被称为世界三大繁华街之一。这里聚集了诸多国际名牌，基本上能叫得出名字的所有世界大牌以及日本本土品牌在这边你都可以看到，数家百货店商场高度聚集。有时间也可以在胡同、门面店逛一逛，大概率可以偶遇精品哦。

### ★GINZA SIX

2017 年开业的银座新地标，也是银座区域最大的商业设施。这是个六星级的商场，为客户提供六星级的服务和产品。包括餐饮在内有 241 个品牌集聚在此，整个商场充满潮流艺术气息，屋顶还有 4000 平方米的屋顶花园可以散步，就算不购物，来到这里逛上一圈也可以饱尽眼福。

地址：东京都中央区银座6丁目10—1

交通：东京地下铁银座线/丸之内线/日比谷线银座站A3出口步行2分钟；东京地下铁日比谷线/都营地下铁浅草线东银座站A1出口步行3分钟；东京地下铁有乐町线银座一丁目站 9番出口步行8分钟

### ★日比谷中城

日比谷中城在 2018 年 3 月开业，这里是集购物、餐饮、电影院为一体的大型商业设施，特别受女孩子欢迎。特别是一楼精致 life style 区域，有许多生活用品、药妆、美妆店，特别推荐 ISETAN MiRROR，它是个大品牌化妆品的集合店，对女孩子特别友好。在这里你可以一次性对比上百种不同品牌的口红，简直是女孩子的天堂。

地址：东京都千代田区有乐町1—1—2

交通：东京地下铁千代田线/日比谷线/都营地下铁三田线日比谷站直通；东京地下铁有乐町线有乐町站直通步行4分钟；JR山手线/京浜东北线有乐町站步行5分钟

### ★银座MULLION（LUMINE有乐町/阪急men’s东京）

Mullion 的挂钟是银座标志性建筑，经常被人们用来当作约会集合地，这里冬天圣诞季装扮的灯光秀也十分唯美。此外，这里有许多餐饮店，剧场，电影院，甚至还有星辰仪馆。

#### Lumine

这里一向以聚集年轻女孩子钟爱的服装品牌而备受欢迎，这里有 100 多家时尚潮流店铺，风格非常适合 25~35 岁之间的女性。

### ★阪急 men’s 东京

这里是成熟男生的逛街圣地。地下一层至地上八层一整幢楼都是男性服饰用品，从经典正装到休闲服饰，一定可以找到适合你的。

地址：东京都千代田区有乐町2丁目5—1
交通：JR山手线有乐町站中央口/银座口，步行3分钟；东京地下铁有乐町线有乐町站D7出口，步行3分钟；东京地下铁银座线/日比谷线/丸之内线银座站 C4出口，步行1分钟

### ★银座三越百货

三越百货是著名的日本老牌百货店之一，在这里你能感受到传统日本百货店的氛围和优质服务。这里东西齐全，许多日本本土化妆品等在这边也有售卖，你还可以在这里购买后回国出海关提货哦。

地址：东京都中央区银座4—6—16
交通：东京地下铁银座线/丸之内线/日比谷线银座站；东京地下铁有乐町线银座一丁目站9番口，步行5分钟；JR有乐町站中央口/银座口，步行9分钟

### ★有乐町丸井百货

这是一座经典的日本本土商场。在百货店商场中，相对来比较平价。

这里售卖饰品、小物、生活用品、服饰类商品、鞋类商品和包具等，有许多日本本土品牌，此外，这里也有餐饮店，而且使用银联卡支付可以享受 95 折。

地址：东京都千代田区有乐町2—7—1
交通：JR山手线/JR京浜东北线/东京地下铁有乐町线有乐町站，步行3分钟；东京地下铁银座线银座站，步行5分钟

### ★松屋银座

松屋银座有着 90 年历史，是银座最古老的百货店。男女服饰、时尚单品、美妆、母婴产品由应有尽有。追求品质的人，可以来逛这边哦。

地址：东京都中央区银座3—6—1
交通：东京地下铁银座线/丸之内线/日比谷线银座站A12番出口直通；东京地下铁有乐町线银座一丁目站9番出口，步行3分钟；都营地下铁浅草线东银座站A8番出口，步行3分钟；JR有乐町站，步行8分钟

### ★博品馆TOY PARK银座本店

这是一家综合玩具店，地下一层到地上四层聚集着各种可爱的玩偶、益智类游戏、卡通周边、游戏等。这里不仅是孩子的乐园，也备受成年人的青睐。

地址：东京都中央区银座8-8-11

交通：JR山手线 新桥站，步行3分钟

### ★日比谷Chanter

日比谷 Chanter 是位于日比谷中城隔壁的复合型设施，其中有商场、餐厅、沙龙、电影院等。相比较银座地区的其他商场，这里有许多家高性价比美食餐厅哦。

地址：东京都千代田区有乐町1-2-2

交通：JR山手线有乐町站日比谷口，步行5分钟；东京地下铁日比谷线/千代田线日比谷站直通；东京地下铁银座线/丸之内线银座站C1口，步行五分钟；等

### ★MARRONNIER GATE GINZA 1

这里的风格非常适合 20~40 岁的职业女性。5—9 层的东急 Hands 有许多有趣可爱的杂、文具等，在这里你可以逛上半天。

地址：东京都中央区银座2-2-14

交通：JR山手线/京浜东北线有乐町站中央口，步行4分钟；东京地下铁有乐町线银座一丁目站，4番楼步行2分钟；东京地下铁丸之内线/银座线/日比谷线银座站，C8口步行3分钟

## 新宿

东京最大的交通枢纽站——新宿，也是购物者的天堂。各站口之间还距离较远。

### ◎ 新宿站南口

**★NEWoMan**

NEWoMan 位于在巴士终点站隔壁，直接与新宿站新南口相通，拥有宽广的购物空间，适合稍微成熟的，对生活品质有高要求的女性。商场的整体风格偏优雅，知性。商场中有精选全球受欢迎的网红品牌入驻，也有米其林餐厅。

地址：东京都新宿区新宿4—1—6
交通：JR各线新宿站miraina　tower／甲州街道.／新南验票口方向出站，都营新宿线／都营大江户线／京王新线新宿站，步行5分钟，东京地下铁副都心线新宿三丁目站，步行3分钟（地下相通）

### ★LUMINE1/LUMINE2

LUMINE1 和 LUMINE2 是两幢相连的商场。LUMINE1 拥有多家餐厅，时装店入驻，更多精品、小众的品牌店铺常驻其中。

LUMINE2 的 7 层是吉本兴业剧场，经常有谐星表演。除了服装品牌、杂货等外，这边有些时尚的咖啡厅。

地址：新宿区西新宿1—1—5

交通：JR/小田急线/京王线新宿站南口，步行1分钟，京王线LUMINE口直通；京王新线/都营新宿线/都营大江户线新宿站京王新线口，步行1分钟

### ★新宿MYLOAD

新宿 MYLOAD 一共 9 层，7—9 层都是美食。这里很受年轻人的欢迎，有很多紧跟流行趋势且价格亲民的店，其中，一层的马赛克大街是一条室外购物街，充满异国风情。

地址：东京都新宿区西新宿1—1—3

交通：新宿站南口（MYLOAD DECK方向）直通

### ★新宿高岛屋

新宿高岛屋是日本著名大型百货店之一，有各式各样新颖的化妆品，服饰，奢侈品，食品等。

地址：东京都涩谷区千駄々谷5—24—2

交通：JR各线 新宿站新南/mirainatower 验票口出来，步行5分钟；都营新宿线，都营大江户线，京王新线新宿站，步行5分钟；东京地下铁副都心线新宿三丁目站，步行2分钟

## ◎ 新宿站东口

### ★LUMINE EST

这里是少女百货店，里面的服装及杂货的风格年轻时尚，吸引着许多年轻人前来购物。

基本上你在日本少女杂志能看到的日系服装品牌在这里都能找到。7、8 楼的餐厅区域也有许多性价比高的人气餐厅。

地址：东京都新宿区新宿3—38—1
交通：各线JR新宿站中央东口/东口检票口出，步行1分钟

### ★新宿ALTA

这是新宿东口的著名地标，大电子屏十分显眼。除了地下 2 层到地上 8 层是年轻人的时尚潮流店之外，这里也因作为电视节目的棚录现场而闻名。

地址：东京都新宿区新宿3—24—3
交通：JR/小田急线/京王线新宿站东口，步行1分钟

### ★伊势丹 新宿店

这是三越株式会社旗下的日本著名老牌百货商店，外馆古典优雅，东西一应俱全，许多世界顶级品牌在这也都有柜台。

这里的货比较全，有时候断货买不到的，也可能在这边找到。这里人流量比较大，如果可以的话，推荐你工作日去。

地址：东京都新宿区新宿3—14—1
交通：东京地下铁丸之内线新宿三丁目站下车，步行1分钟；JR新宿站出东口后，步行5分钟即达

### ★新宿丸井百货 本店

这里销售时装、家具、杂货、宝石等。这里有更多日本本土品牌，银联卡常年有折扣活动。

200 米外还有丸井 ANNEX 店，ANNEX 中，电影、动画等相关活动比较多，因此能看到更多年轻人的身影。

地址：东京都新宿区新宿3—30—13
交通：东京地下铁丸之内线新宿三丁目车站A4口，步行1分钟；都营新宿线/东京地下铁副都心线新宿三丁目站，A1口步行2分钟

### ★BICQLO新宿东口店

这是一家由日本著名的连锁电器药妆综合商场 BIG CAMERA 和优衣库携手打造的大型综合商场。这里售卖服饰、药妆、家电、生活用品，此外还有性价比高的数码产品等。

地址：东京都新宿区新宿3—29—1
交通：东京地下铁丸之内线/副都心线/都营新宿线新宿三丁目站，A5出口；JR/小田急线/京王线/都营大江户线新宿站，步行5分钟

## ◎ 新宿站西口

### ★小田急百货店

这是一家拥有 16 层的大型百货商店，除了齐全的服饰，化妆品等之外，这里也有许多餐饮店入驻。

小田急 HALC 中地下 2 层至地上 5 层都是 Big Camera，在这里，你购买药妆、电器产品等非常便利。

地址：东京都新宿区西新宿1—1—3
交通：JR/小田急线新宿西口出站即达

### ★京王百货

这是一座聚集许多高端品牌的百货商场，但是氛围相对亲民。这里会经常举行美食展、特卖会；夏季有屋顶的啤酒节、烧烤等，每年 1 月还会举办“车站便当大会”活动，如果有机会，你一定不要错过哦。

地址：东京都新宿区西新宿1—1—4
交通：京王线新宿站京王百货店口出来即达，JR新宿站中央西口出来即达；都营新宿线/大江户线新宿站靠近JR新宿站出口出来，步行1分钟；小田急线新宿站地下西口检票口出来，步行1分钟

## 原宿·里原宿·表参道·青山

这块区域是日本著名的“年轻人之街”，可以说是流行的发源地。

### ◎ 原 宿

原宿有自己独特的文化：五彩缤纷、夸张而富有个性的。这里也是热爱个性文化的年轻人聚集的区域。在这里也会看到许多日本初、高中生的身影。

### ★竹下通

其中最能代表原宿文化的地区是原宿电车站旁边的商店街——竹下通，这里一年四季都非常热闹，人潮拥挤。

街道两边是一家挨着一家的小店，有年轻人的服饰、甜品店、纪念品店等，相对来说消费比较低，吸引了许多学生。

### ★原宿laforet

这是一座13层的商场，里面有140多家店铺，这个商场特别注重流行趋势。这里有新锐的服装品牌，有很多创作者、艺术家、企业家也是通过这里与世界接轨。

此外，这里还有许多网红甜品店哦。

附近交通：JR山手线原宿站；东京地下铁千代田线明治神宫前站

## ◎ 里原宿

走过竹下通，穿过马路，往明治通下坡方向走，就到达里原宿区域了。这里的一个个胡同中，藏着许多潮流店铺。乍一看与居民住宅无异的小店铺，可能是精品买手店。

这里是真正的潮人圣地，许多潮牌服装店、鞋店聚集。

附近交通：JR山手线原宿站；东京地下铁千代田线明治神宫前站；东京地下铁银座线/千代田线/半藏门线表参道站

## ◎ 表参道、青山

这里充斥着文化和艺术气息。走在这里，就像是行走在巴黎的街头一样。

许多有极高知名度的旗舰店纷纷开在这里，大街小巷也随处可见精致的精品店和艺术空间。

如果说原宿、里原宿是少男少女的潮流圣地，那么这里多了一份成熟、优雅、高端的感觉，甚至许多日本明星私下也会来这里购物哦。

附近交通：东京地下铁银座线/千代田线/半藏门线表参道站

## 涩谷

许多人来东京都会打卡的地方就是这个涩谷的十字交叉路口。这周边也有许多大型商场、药妆店、居酒屋、餐饮店等。

### ★东急百货店（涩谷Hikarie ShinQs）

这是一座与地铁站相连的复合型设施。购物、美食、娱乐、文化一应俱全。

这座商场的地下3层至地上5层汇集着200多家店铺，是名副其实的新宿潮流新地标。

地址：东京都涩谷区涩谷2-21-1

交通：东急东横线/田园都市线/东京地下铁副都心线涩谷站B5出口直达；JR线/东京地下铁银座线/京王井之头线涩谷站直通二楼

## ★109

这是涩谷的一大地标性建筑，以销售面向少女的平价潮流服饰而闻名。地下 2 层至地上 8 层总共有上百家店铺，每家店铺的店员小姐姐都打扮精致，服务热情。走在这幢商场里，你绝对可以好好参考，学习下日系穿搭。

这里风格多样，有不少涩谷辣妹风格的衣服哦。

地址：东京都涩谷区道玄坂2—29—1
交通：JR各线/东横线/田园都市线/东京地下铁银座线/半藏门线/副都心线/京王电车井之头线涩谷站，步行3分钟可到达

## ★西武百货 涩谷店

涩谷车站过个马路就到了西武百货涩谷店。它是日本老牌百货店，是由三幢楼相连组成的一站式购物圣地，名牌服饰、化妆品，杂货等一应俱全。

我推荐P座，一整栋Loft有各种可爱的杂货，卡通合作款周边等各种商品。

地址：东京都涩谷区宇田川町21—1
交通：JR各线/东横线/田园都市线/东京地下铁银座线/半藏门线/副都心线/京王电车井之头线涩谷站，步行1分钟可到达

## 东京站

许多人对东京站的印象是不是红砖复古风的欧式建筑?其实它不仅是东京的交通枢纽、第一大换乘站，这里其实有很多非常好逛的商场和商店街。车站附近有一些大的购物商场，除此之外真的很想给大家推荐这边的地下逛街圣地。

地址：东京都中央区八重洲2-1 地下1楼，地下2楼
交通：JR各线东京站八重洲中央口，八重洲南口，八重洲北口直通；东京地下铁银座线，东西线，都营浅草线 日本桥站A3，B1，B3出口步行约6分钟

### ★八重洲地下街

八重洲地下街是一条位于八重洲口底下的商店街，车站直通，下雨天也可以愉快逛街。

这里有服装、生活杂货、食品商店等（与东京站一番街也相通，但是两块购物区域）。

### ★东京站一番街

东京站一番街直接与八重洲中央口、八重洲北口和八重洲南口相通，共有三层。

我特别向你推荐这里地下一层的东京动漫人物街，集合了多家日本电视台开的主题动漫直营店，一条街上数十家卡通动画主题店，少女心满满的你，一定会找到喜欢的那个卡通人物产品。

还有东京甜点乐园，这里是零食爱好者的天堂。还有只有这边能买到的限定零食等，真的是吃货的天堂啊。

地址：东京都千代田区丸之内1–9–1
交通：JR东京站下车，八重洲地下中央口出检票口即可到达

## 中野百老汇

在许多外国人印象中，一提到“宅文化”就会想到秋叶原，其实秋叶原最初是电器一条街，“宅文化”真正的发源地在中野地区。

这个以亚文化为主的多元化商城——中野百老汇的2层到4层进驻了售卖动画影碟、漫画图书、偶像周边产品（模型）等多种面向“御宅族”或动漫迷的店铺。如果说秋叶原销售的更多的是人气商品的话，这边则可能更适合“挖宝”。这边还有很多怀旧玩具卖，甚至能找到20世纪中后期的玩具周边产品。

推荐给喜欢动漫文化的朋友们。

地址：东京都中野区中野5–52–15
交通：JR中央线/JR总武线/东京地下铁东西线中野站北口出来步行3分钟可到达（穿过SUN MALL商店街即可到达）

## 高圆寺

高圆寺区域有多条商店街，是一个能让你感受到东京昭和年代复古气息的地方，也是近几年作为年轻潮流人士聚集地开始备受瞩目的地方。

这里一年四季都有各种活动，如夏天的“阿波舞节”就是东京夏日最受欢迎的活动之一。

### ★高圆寺北口 纯情商店街

这里聚集着许多有人气的B级美食，高性价比的美味餐厅和小吃。

### ★高圆寺南口

这里散布着150家左右的二手店，但请注意，这里的二手店并不单指售卖便宜旧货的商店。

在日本二手文化是非常流行的，古着也是时尚的代表。有许多真正有年代感、再也不被生产的好物，只有在古着店才能淘到。

附近交通：JR中央线（仅工作日停靠）/JR总武线高圆寺站；东京地下铁丸之内线东高圆寺站，新高圆寺站

## 下北泽

下北泽是日本东京又一条著名的受年轻人欢迎的商业街。

在规模并不是特别大的下北泽区域，聚集着 1500 余家各具特色的店铺。这里有许多时装店、日用品店、二手古着店。在这里，你容易淘到潮流又有个性的商品。

这里是剧场、livehouse 的聚集地，是东京著名的咖喱一条街，也有热闹的高架下夜市。

总之，这条街有着与其他东京 23 区不同的且具有自己特点的文化韵味。

附近车站：小田急小田原线/京王井之头线下北泽站

### ★MAISON ABLE Cafe Ron Ron

这是一家世界首家回转甜品畅吃店。2018 年 7 月在东京原宿区域诞生的新网红店，开业至今每天都排着长队，要拿券等位才能进去吃。平时你在回转寿司店会看到的运输线上，一盘盘回转的并不是寿司竟然是甜品，不论门外、店内还是回转的盘子，都是粉嫩的，像是在巴黎街头的咖啡厅。我只想说这家店真的很懂少女心，也很懂现代人爱拍照的心理。

回转的东西除了甜品，偶尔还有薯片、迷你汉堡、色拉、三明治、丸子等咸食。所以不怕吃甜品吃腻，可以改改口味，多多挑战哦。

价格:1 800日元/40分钟的畅吃,在门口的机器购买,像拉面店一样
地址：东京都涩谷区神宫前6-7-15
交通：东京地下铁千代田线明治神宫前站，步行2分钟，JR山手线原宿站表参道口，步行6分钟

## ★日本金枪鱼渔业团

来日本旅游的你，一定想体验地道的居酒屋文化，来这里肯定没错。

这家店店内的装修氛围特别好。略复古的情调，以船和海为主题，像在渔船上吃饭一样，很有自己独特的世界观。

如其名，金枪鱼的新鲜就不用多说了。还有几种新颖的吃法很吸引人。比如，一整块横截面切的金枪鱼肉，一片肉就包括大脂、中脂、红身肉；再如，“做游戏”赢得金枪鱼，限定时间内 100 日元 / 份的金枪鱼肉随便装小坛子里，能装满满一盘，性价比太高了。店铺氛围也轻松热闹，适合三五朋友热闹的聚餐。

（东京有新桥店、浜松町、锦系町、新宿西口四家连锁）

新桥店地址：东京都港区新桥2-14-3新桥红砖通会馆 4楼
交通：百合鸥/JR横须贺线.JR京浜东北线/JR山手线/JR东海道线/都营浅草线/东京地下铁银座线新桥站，步行1分钟

地址：东京都台东区下谷2-9-7
交通：东京地下铁日比谷线入谷站4番口出来，步行1分钟

## ★斉藤鮮魚　割烹さいとう

这是一家由水产店老板开的餐厅，这家店高性价比、食物新鲜、味道鲜美，人气更是爆棚。

从店内墙上挂满的明星签名中，你就可以看出这家店的人气儿有多高了。

我推荐你午市来，只要花1050日元，就可以来一份超大碗的生鱼浇头溢出来的海鲜盖浇饭，我很想问：老板你这样做生意，难道不怕亏损吗？

## ★SAMA

这是我在东京吃过最好吃的汤咖喱店之一。

汤咖喱是发源于日本北海道札幌的一种特别的咖喱吃法，推荐大家有机会品尝一下。

浓郁的咖喱汤汁中可以吃到丰富的辛香料的味道，和我们常吃的咖喱饭是不一样的，一旦你爱上了，绝对会上瘾。

这家咖喱店可以选择咖喱中不同的浇头配料，也可以在0~30等级之间选择自己想要的辣度。可以吃到私人订制的一碗汤咖喱哦。

（全国有数十家店，东京有明治神宫前店、神田店、下北泽店、吉祥寺店四家分店）

地址：东京都世田谷区北泽2-26-18

交通：小田急小田原线/京王井之头线下北泽站，步行2分钟

## ★今半本店

说到日本的锅物料理，第一个会想到的就是寿喜锅吧？

今半可以说是日本最有名的寿喜锅之一了，基本上说到寿喜锅就会想到这家店（全国范围内多家连锁店）。这家店的历史基本也和寿喜锅本身的历史差不多，有一百多年了。

寿喜锅在日本关西和关东吃法不同：关西地区的吃法是通常先烤牛肉再倒入酱汁，而关东地区的吃法是直接把牛肉放进汤底里煮，今半是传统关东风味寿喜锅。

大家都知道，寿喜锅最重要的就是和牛及酱汁。

在今半提供的牛肉品质都特别好，每天进货的牛肉批号都会写在墙上，网上可以查到所有详细信息。此外，这家店所使用的酱汁，是创业之初延续至今的。

地址：东京都台东区浅草1—19—7
交通：地铁银连线浅草站1番口步行1分钟；都营浅草线，浅草站A5口出后步行2分钟即达

# 镰仓

## ——江之岛（神奈川县）

来东京旅行时间充裕的话，还是很推荐大家空出一天，前往镰仓地区游玩。

镰仓地区离东京很近，坐电车一个小时左右即达，当天可往返，那里有着和繁华的东京截然不同的古老幽静的景象。拥有充满日式风情的寺庙、阳光沙滩、沿海路面电车，许多小清新的拍照点，也经常被用来作日本影视、动漫的取景地。

不知道为什么，这座“古老”的城市，有种让人安心的感觉，新旧融合得恰到好处，有年轻人的活力，说到镰仓，我总会联想到“青春”。

下面我为大家推荐一条一日行路线。

★小町通（推荐游玩30—60分钟）

首先从东京坐电车到镰仓站下车，出站就可以看到小町通。这是镰仓最有名的一条商店街了，街道两边一家挨着一家，都是特色小吃店、餐饮店、当地特产店等。

早饭可以少吃点，来到这里上午就边走边吃吧。

★鹤冈八幡宫（推荐游玩30—60分钟）

沿着小町通一直走，你就会到达鹤冈八幡宫。这里就是号称日本三大八幡宫之一的鹤冈八幡宫，这里有一条漂亮的参拜道，沿着石阶走上去，走到顶回头望一下，你会看到鸟居和城市风景融合的美丽景色。有许多人来到这里祈福事业工作运、比赛胜利等。

地址：神奈川县镰仓市雪之下2—1—31

交通：JR镰仓站步行10分钟

时间：5:00—21:00（10月至第二年3月：6:00—21:00）

地址：神奈川县镰仓市报国寺2-7-4

交通：JR镰仓站东口乘坐京浜急行巴士约10分钟，在净明寺下车步行2分钟可到达；也推荐跟着手机导航，从鹤冈八幡宫散步，步行20分钟多可到达，一路上还能欣赏镰仓街景

### ★报国寺（推荐游玩30—60分钟）

这里是著名的竹林庭院，走进去后，你就会被眼前的一片笔直的绿色竹海震撼到，阳光照耀下，那一点点斑驳的光影特别优美。

在这里静坐，喝一杯日本抹茶，与朋友聊聊天，清心寡欲，尽情感受静心，岁月安好。

### ★高德院（推荐游玩40分钟）

这是一间已有 800 年历史的佛教净土宗的寺院。

这里有日本三大佛像之一——“镰仓大佛”，它是古老镰仓的象征，是这里最大的看点。

地址：神奈川县镰仓市长谷4-2-28
交通：从镰仓站东口1番乘坐江之岛电铁巴士到大佛前站下车，在镰仓站乘坐江之岛电铁，长谷站下车，步行7分钟可到达，这边比较推荐坐镰仓特色的沿海路面巴士，江之岛铁路

★镰仓高校前（推荐游玩20分钟）

这里有动画片《灌篮高手》片头的实景地——男主角樱木花道拿着包站在那里，当电车驶过后，铁轨对面站着女主角晴子，这是多少人童年的回忆啊？

而这一场景的取景地正是在镰仓，在镰仓高校前车站 100 米的地方。

这个平凡的小车站现在已经成为了无数动漫迷心中的圣地。

如果这也是你的童年回忆，为了情怀不妨来这边的车站打卡哦。

交通：江之岛电铁镰仓高校前下车，向东步行100米左右

## ★江之岛神社（推荐游玩120分钟）

江之岛神社由奥津宫、中津宫、边津宫三座神社构成。岛上供奉的都是弁财天，这里也是日本三大弁财天神社之一。

在到达神社前，你会先路过一条热闹的参拜道，这里更像是商店街，有许多小吃店，可以边走边吃。

我向大家推荐这里的海鲜盖浇饭——生沙丁鱼盖浇饭，因其使用的是比较小的生鱼，所以不那么喜欢吃生鱼的人也可以挑战一下，鲜得不得了。

地址：神奈川县藤泽市江之岛2-5-7

江之岛神社虽然位于山坡上，但中途有电梯。所以不用担心会很累哦。

江之岛交通：江之岛电铁江之岛站，步行15分钟

### ★江之岛Sea Candle

江之岛 Sea Candle 的景色就像是照亮着大海的一根蜡烛。

从观景台望去，可见湘南港的全貌，天气好的时候还可以望到镰仓，甚至是富士山。

这里是日本青年情侣的约会圣地。

# 群马县

位于关东平原西北部的群马县有许多名山和温泉。

从东京出发最快三小时左右即可到达，作为关东之旅的一站，停留3天左右来度假，是个很好的选择。

其实我也推荐大家冬天前往，这里是滑雪胜地：温泉、美景、滑雪、美食应有尽有。冬季之旅该有的模样它都具备了。

## ◎ 万座王子大饭店

万座位于群马县的深山中，是绝对的度假胜地。

我推荐大家这家一站式度假胜地，酒店内拥有法餐、日本料理、中国料理等多家餐厅；有西式日式的客房可选；可以在海拔 1800 米的雪景中泡温泉，这是日本最接近星空的温泉了；也可以在酒店自带的粉雪滑雪场畅快地滑雪。

隆重介绍一下这个酒店领地内，标高2000 米的滑雪场：

滑雪场和酒店是零距离的。酒店建立在滑雪场的半山腰，从酒店的二楼门口出来直接沿着斜坡就可以滑下去了。 你会看到这里的雪像亮片一样，特别美。这里雪都是粉雪，这样优质的雪在世界范围内也是顶级的！当然，摔跤也不会感觉那么疼，这对一个滑雪小白来说真的非常重要。衣服、道具、装备都是可以租借的，大家可以放心空手去。

地址：群马县吾妻郡嬬恋村万座温泉

交通：从东京（东京站或上野站或高崎站）乘坐北陆新干线一小时到达轻井泽，从轻井泽乘坐王子大饭店的免费接驳巴士约一个半小时到达万座温泉（要预约）

## ◎ 鬼押出园

这里是世界三大奇景之一，日本著名的火山遗址。“披头士”乐队的约翰·列依曾经带家人来这边游玩，还把在这边游玩的照片作为家庭写真的封面。

地址：群马县吾妻郡嬬恋村镰原1053
交通：从万座温泉出发步行1.1km到达万座巴士终点站，乘坐西武观光巴士M旧轻井泽经由，到鬼押出园下车即到达
票务信息：大人（初中生以上）650日元，小学生450日元，小学生以下人群免费

1783年浅间火山喷发，据说当时火山喷发长达三个月之久。正是当时火山喷发所流出的熔岩造出的奇特自然艺术景象。

这里有一个非常神奇的景象，就是每一条石缝里都长出了生命。有的已经成长为一棵树了。这就好像在告诉人们，当时那场自然灾害，夺走了许多无辜的生命，天灾就像是魔鬼，但逝去的生命依旧在延续，到底，这世界还是会灿烂美好的。

日本关西地区是指：大阪府、京都府、兵库县、奈良县、和歌山县，滋贺县和三重县。关西地区有日本三大都市圈之一的大阪都市圈，相信大家对大阪还是耳熟能详的。

关西有独特的关西腔。总是有人开玩笑说日本的关西人（特别是大阪人）就像是中国的东北人，可能是因为关西人相对来说性格豪爽、热情、好客，和日本其他地区人的拘谨、严肃形成对比。

当然，还有人说古都京都是上品高级的，神户是时尚洋气的，奈良有自己独特的韵味……

大家可以自己来感受下“花样关西”哦。

# Kansai Region

# 关西地区

# 大阪府

在大阪这个日本第二大城市，在这里，你除了感受繁华都市之外，更能感受都市少有的豪爽热情民风。

来大阪一定要记得吃大阪特色美食：章鱼小丸子、大阪烧、大阪炒面、土手烧、炸串……

大阪的小丸子和大阪烧一定要酱汁浓郁，有点重口味的浓郁才正宗。

如果你去老式炸串店，老板娘给你一大盆蘸料，记得每一串只能蘸一次哦。

这座城市中，有一股说不出的亲切感，我是挺

# 临空城

临空城是与关西国际机场相隔一站地距离的一片特定区域，在这里海景、住宿、购物、餐饮一应俱全。

临空城是我来到关西旅行的第一个乐趣。我个人是喜欢买早班飞机到关西国际机场的，将它作为首个目的地，下飞机直接空箱到这边来购物（购物期间可以把箱子寄存到储物柜）。

这里有一个临空豪华奥特莱斯，里面聚集了210余家著名品牌专营店。整个奥特莱斯，也被设计成美国港口城市的街景模样，逛街体验非常好。

另外，因为这块区域在海边，还可以去海边坐着看海景和夕阳。

夜晚还有点亮的摩天轮，你可以在这里待一整天。

奥特莱斯官网（中文）：https://www.premiumoutlets.co.jp/chs/

地址：大阪府泉佐市临空往来南3-28

交通：临空城站步行5分钟（关西国际机场乘坐南海空港线/JR关西空港线6分钟可到）

# 日本环球影城

来到大阪怎么能错过这个主题乐园呢？

日本环球影城的园区内多处再现了美国好莱坞影城的样子，并有许多以好莱坞剧为主题建成的游玩项目，日本环球影城在全世界主题乐园中排名第四，非常有人气。

此外，日本的环球影城也有许多自己的特色：重现《哈利波特》中外观庄严的霍格沃茨城堡等建筑的哈利波特世界区域；世界最大的小黄人区域；可以体验被暴走的无齿翼龙抓着后背，乘坐全世界最长、高低差最大的过山车的刺激侏罗纪区域；园内还有 Hello Kitty、史努比、芝麻街等让少女心泛滥的卡通人物。

日本特色的环球影城还融合了 cool japan，不定期有日本本土动画元素的游玩项目和体验。可以说男女老少来到这里都乐不思蜀啦。

日本环球影城的位置靠近市中心，从大阪市内各地前往都比较快。

地址：大阪府大阪市此花区桜岛2-1-33

交通：universal city站下车即可到达（从梅田/大阪大约11分钟可到达，JR难波约15分钟可到达）

## 梅田区域

大阪的梅田就像东京的新宿一样，充满着城市气息，是这个城市的经济中心，是一个大的交通枢纽站。在这里，各大百货商店、地下街汇聚一堂，比如阪急百货、大丸百货、阪神百货、大阪车站城、hep five 等。据说这里百货商店总面积加起来比新宿还多。

所以，这里是体验大阪繁华都市气氛，并且购物的最佳目的地。

注意：梅田车站电车线路多，出口多，建议出行的时候查好自己要去的商场和出口，不然会走很多很多路哦。

## 道顿堀

说到大阪著名景点，许多人都会想到道顿堀。

其实道顿堀原来是指一条运河，现在衍生为沿着道顿堀川南岸的一大繁华街区。

道顿堀位于心斋桥和难波当中，更靠近难波车站。所以如果想要去道顿堀，想看著名的格力高运动员广告牌的话，推荐大家从难波车站下车，一路往心斋桥方向走哦。

这条街非常有特色，各家的立体图案广告牌是一大特色，全年都很热闹，街上也有许多充满大阪特色的纪念品店，卖着充满大阪人幽默风趣的伴手礼；有许多章鱼小丸子等小吃；也有好多充满大阪特色的餐厅，这里可以说是大阪饮食文化的发源地了。来到这里，你一定可以大饱口福。

附近交通：JR难波站，日本桥站（推荐想去道顿堀东边的游客在这边下车）

地址：大阪府大阪市中央区大阪城

交通：（大阪城公园比较大，共4个门）大阪地下铁谷町线谷町四丁目站1—B出口/天满桥站3番出口；大阪地下铁中央线谷町四丁目站9番出口/森之宫站1番出口、3—B番出口；大阪地下铁长堀鹤见绿地线森之宫站3—B出口/大阪business park站1番出口；JR大阪环状线森之宫站/大阪城公园站；JR东西线大阪城北诘站；京阪电车天满桥站

# 大阪城公园

大阪城公园是位于大阪市大阪城特别历史遗迹所在地的大型都市公园（历史公园）。

大阪城的天守阁耸立于公园中央。

这里除了大阪城天守阁是一大看点外，公园内还有各式各样时尚的咖啡厅小店、纪念品店、游玩设施等。

在这里，你可以看到传统和现代融合碰撞出的火花。

## ★大阪城天守阁

作为日本三大名城之一，大阪城天守阁也成了许多游客打卡的场所。在蓝天白云的陪衬下，如果再加上盛开樱花，这时镜头下的大阪城会格外美丽。

大阪城最早由丰成秀吉所建，在战国时期这里可是城主居住之所，虽然经历过翻修，但它在日本历史上的影响力是无可非议的。

如今城内仍保有许多历史遗物可参观，也有详细的 3D 动画讲解历史，即使是小朋友来到这也可以简单了解当时的日本历史。

## ★SAKUYA LUMINA

“历史古迹”晚上可以夜游是不是很特别很酷炫?大阪城现在可以夜游啦。

在大家的印象中，日本的古城都是比较“严肃”的，通常白天参观，晚上早早就关门了。

但SAKUYA LUMINA(高科技灯光秀)给大阪城带来了不一样的夜景。这个活动的时间为2018年12月至2021年11月。这个全新的灯光秀，是由来自加拿大蒙特利尔的世界顶级数字艺术团队Moment Factory打造的Lumina night walk系列中第九个作品。梦幻音乐和光影的演出，融合了大阪城自然环境。夜晚散步，走在布满光影的森林中给你带来的是一种视觉听觉双重盛宴。

入场时间：18:00—22:00
票务信息（吉本兴业官网或者千家店铺可提前预约购买）：
18岁以上：提前预约购买2 700日元/当天购买3 200日元
13–17岁：提前预约购买1 800日元/当天购买2 200日元
4–12岁：提前预约购买1 000日元/当天购买1 200日元
3岁以下免费

★KEREN

大阪城公园内也有剧场，其中有个“奇特”的舞台演出。施了魔法般的KEREN很值得一看。KEREN表演秀于2019年2月25日在大阪城公园内的剧场正式开幕。

“KEREN”是以日本独有的艺能、动漫、忍者、武士、富山、妖怪、日本的四季等为主题；表演中融合了多种舞蹈：芭蕾、街舞、踢踏舞、剑舞、交谊舞等，还涉及音乐剧、歌舞伎等元素，基本都是日本特有的元素，再搭配非常现代化的数字艺术，很有层次感的背景屏（背景视频内容由世界顶级数字艺术团队Moment Factory提供）和大师级优秀音效、音乐。这样的演出被形容为“奇拔”，是你可能从未见过的。演出没有什么语言台词，剧情都是用演员的肢体语言表现的，任何国籍的人来看都可以很好地欣赏哦。

地点：cool japan park osaka WW厅 （大阪市中央区大阪城3番6号）
票务信息：
S席成人7 500日元/儿童3 000日元
A席成人5 000日元/儿童2 000日元
（售于ticket yoshimoto，lowson ticket，ticket pia）
时间：2019年2月25日起长期公演

## 居酒屋しっぽく(shippoku)

我在这里为大家推荐一家地道美味的河豚料理店（居酒屋），是大阪当地朋友带我去的，店内会看到许多当地人拖家带口来吃。可能国内网站搜不到这家店的信息，因为它真的比较小众。

河豚鱼在东京等地是高级料理，但在大阪，相对来说价格比较亲民。虽然大阪不算是河豚鱼的名产地，但由于当地人特爱吃河豚鱼，消耗量多（据说日本60%河豚销量被大阪占取），在大阪吃河豚料理还是比较主流的，所以，很多游客来大阪都会安排一顿河豚晚宴。

在日本，只有通过考试并取得专门资格证的厨师才能做河豚料理，不然就算野生河豚鱼抓来自己吃都是犯法的。日本政府对于河豚鱼的管控非常严格，大家吃起来可以放心。

在这家店，吃一顿河豚宴套餐的步骤通常是这样的：

第一步，凉拌河豚鱼皮：柚子醋拌的超级好吃，脆脆的口感。

第二步，一人一盘河豚鱼刺身：卷着芽葱吃或者卷着辣萝卜泥沾柚子醋，口感Q弹。河豚鱼没有特别的味道，也没有很多油脂。

第三步，拿大块鱼肉涮火锅：火锅汤底是用海带炖出的高汤，连骨肉最好吃了。你应该先下几块扒皮鱼肝提鲜（这个烧熟吃也特别的好吃）。

第四步，锅中下蔬菜粉皮：粉皮吸收河豚鱼的美味，吃起来特别鲜。

第五步，在这锅满满河豚肉和蔬菜鲜味的营养汤中加入米饭、鸡蛋，做成泡饭，完美收尾。

注意：务必记得提前预约后再去，因为河豚鱼需要准备时间的。英文电话预约也可以，实在担心的小伙伴也可以让酒店前台帮忙电话预约哦。

地址：大阪府大阪市城东区诹访4-8-12　交通：地下铁中央线深江桥站下车，步行5分钟，大阪城附近，打车10分钟左右车程

营业时间：17:30—23:30（周日法定节假日到22:30）

休息日：周一

电话：06-6963-7117

人均：8000日元

# 奈良县

奈良是个有古老文化的城市，有很多古寺庙和历史文物。

但我个人认为在这里，就算漫无目的，只是散步在安静的街区感受古色古香的建筑也是一件很有趣的事。可能任何一次按下快门都能拍出旧时光般的唯美感。

在奈良，近些年最广为游客所知的就是鹿了，说到奈良也自然会联想可爱的小鹿。

没错，在奈良车站出来走几步路，可能就会看到可爱的鹿来街边迎接你。

奈良其实并不大，建议关西旅行，预留半天或一天来奈良玩就好了。

## 奈良公园

奈良公园面积广阔：东大寺、春日大社、国立博物馆等名胜古迹都集中在这里。

许多游客来到奈良公园最大目的就是为了和这里的名物——梅花鹿来个亲密接触。这边有卖小鹿饼干，如果你手上拿着小鹿饼干，你一定会瞬间变成人气王，被一群梅花鹿相拥。

地址：奈良市登大路町30

交通：近铁奈良站步行6分钟，JR奈良站步行20分钟

# 京都府

从公元794年到公元1868年，京都都是日本的首都，作为千年古都，这里有浓厚的历史感。

如果你在京都看到古朴的中国风的建筑也不用惊讶， 起初他们就是模仿唐朝的洛阳和长安建造的，所以至今京都还有许多地名中有“洛”字。

京都许多历史建筑保存完好，在城市现代化的过程中，还能感受到中国唐朝的文化风韵，令人惊喜。

这里还有一大特色是，京都的寺庙、神社，它们都是这座城市的历史基石。

京都是个特别的地方，它有着不同于日本任何其他地区的氛围，究竟这千年辉煌岁月还是给这座城市留下了许多痕迹。

日本人觉得京都是“上品”的，优雅的，也许去一次你就会明白这句话的意思了。

# 祇园区域

京都历史上的花街，不论过去还是现在，都是京都最具代表的繁华街区。

从京都站过去，交通方便，基本是第一次去京都旅行的人必打卡区域。

许多人来到京都会租浴衣或和服走在祇园的街道上，因为日本传统服饰——和服与这条街实在是太融合了。

运气好的你，在这里你也许遇到艺伎小姐姐哦。

### ★花见小路

这是祇园地区很优美的一条小路，全长一千米左右，是日本最古老的花街，这里格外宁静。

行走在石板路上，可以沉浸在优雅中。

这里也是电影《艺伎回忆录》的取景地，在这条路上还有可以看艺伎表演的剧场哦。

地址：京都府京都市东山区祇园町南侧
交通：京都祇园四条站步行5分钟

★八坂神社

八坂神社是以朱红色为主色调的建筑，很像我国唐朝时期的宫殿模样，这也是日本许多神社的风格——庄严。

特别的是，八坂神社境内有美御神社，供奉着美人三姐妹宗像三女神。据说许多人来这边祈福美肤和恋爱运。社内涌出的“化妆水”，大家都纷纷取两滴拍打在脸上。

女孩子们不妨来试试哦。

地址：京都府京都市东山区祇园町北侧625

交通：市巴士祇园下车即可到达；京阪祇园四条站，步行5分钟；阪急河原町站步行8分钟

## ★八坂庚申堂

这个小神社也经常被人亲切地叫作“猴子神社”，最近几年这里很受年轻女性欢迎。

这里的特色是，挂有许多色彩鲜艳的祈愿挂饰 kukuri 猿（倒吊猴）。

由于“猿”在日文中是“猴子”的意思，猿读音 saru 又与“去”谐音，所以大家纷纷用倒吊猴许愿，来祈福消灾解难，消除厄运、迎来好运。

还有这里色彩缤纷的挂饰很适合拍照，特别衬托和服。

如果穿着租赁的和服或浴衣来这里拍照，保证你能收获很多赞。

地址：京都府京都市东山区金园町390-1
交通：JR京都站乘坐市巴士“东山通北大路巴士终点站行”15分钟在东山安井下车，步行6分钟

# 清水寺

地址：京都府京都市东山区清水1-294

交通（清水寺2km内没有电车车站，车站步行会花费20分钟以上）：京都站打车10分钟左右可到达（1 000日元左右）；乘坐市巴士有多条线路可到（230日元/人）

清水寺是京都的观光名所，1994年被联合国科教文组织列入世界文化遗产名录，这里也是京都最古老的寺院。

因为其经典，初次来京都旅行的人还是想亲眼目睹。

被绿树环绕的清水舞台是春天和秋天的绝佳赏景点。

## もみぢ家（Momijiya）别馆 川之庵（京都料理）

推荐大家，夏天去京都的话，一定要体验一个传统项目，那就是被称为“京都夏季的风物诗”的川床料理（秋冬体验风景也十分优美，就是有点冷）。其实日本全国各地都有这样的传统，但京都保留得最多。

川床，就是河边的一处歇息地的意思。

在这里，你可以在大自然中，以小河流水声为背景乐，吹着微风，品尝一份精致的京都特色怀石料理。

这家店，位于木质的长长吊桥对面，环境我给满分。

京都自古寺庙多，和尚吃的精进料理有名。推荐大家好好品尝京都料理中的豆腐衣或汤豆腐等豆制品，非常鲜嫩。

同时这家店主营的是旅馆，想好好歇息的人，也可以在这边住上一晚，记得提前预约。

地址：京都府京都市右京区梅ヶ畑西之畑町2番地

交通：京都市巴士8号系统御所之口下车，步行4分钟；西日本JR巴士高雄京北线山城高雄站，步行4分钟；京都市巴士8号系统高雄站，步行4分钟

# 毘沙门堂

相对于外国游客来说，毘沙门堂算是一个小众旅游目的地。

这里是秋天赏红叶的绝佳地。正值红叶季时，通往毘沙门堂的一条长长石阶路，盖了一层红叶铺成的红毯。

漫天飞舞、飘零的红叶，美到让人窒息。

地址：京都府京都市山科区安朱稻荷山町18

交通：JR/市营地下铁/京阪山科站下车，步行20分钟

# 兵库县

这个县在中国人印象中不是特别有名，但我个人情有独钟，因为我小时候就在这里长大。这里没有大范围被旅游开发，因此坐电车随便找一站下来，你可能会发现那里有一种日本地道居民区的宁静和淳朴。

这里还有著名的甲子园，喜欢棒球的朋友一定会想去打卡观摩。

我下面主要介绍神户市适合旅行的地方。

# 神户市

神户作为日本最早对外开放通商的五个港口之一，迅速发展成为日本最重要的港口城市之一。

由于进出口贸易比较多，其很早就融入了异国文化元素，神户在日本人心目中是“时尚”“洋气”的，神户拥有一种独特的文化气息和风貌。

而在我印象中，神户是蓝白色的，小清新的。

他们的时尚，是上品，对品质有极致追求，对于生活，也是极致讲究。

## ◎ 荣町区域

这里是神户四大购物区之一，20 世纪 90 年代中期之前，这里一直是一条繁华的商店街，随着时代发展一度衰落。但 20 世纪 90 年代后期，许多年轻老板来这里重新开店，街道又重新恢复了生机。

至今许多店铺还保留了当时的建筑面貌，仅进行了部分改装。

这里并列着许多时髦的杂货店、服装店、进口小物店、咖啡厅、手工艺品店等共计约 300 家。

很多年轻人会为了寻求别致、与众不同的物品而来到这里。

交通：地下铁海岸线港元町站2番口，过马路即可到达

## ◎ 神户港湾乐园（HARBOR LAND）

这里是神户年轻人心目中的约会圣地。

这个港口有一块区域，汇集了Umai以及Mosaic两个大型商场、面包超人主题馆、摩天轮和神户塔。

白天你可以在港口散步，在著名的坐标BEKOBE文字处拍照打卡，去逛商场；晚上，你可以欣赏神户港口夜景，真是浪漫的行程。

这其中Mosaic商场是我最爱的，有南欧风情，有露天半开放的商店区域，也有可以望见港口的餐厅和下午茶店，特别适合悠闲的下午。

地址：神户市中央区东川崎1町目
交通：JR神户线神户站中央口向南即可到达

## ◎ 摩耶山

从这座山的山顶望下去，你所能看到的夜景被称为日本三大夜景之一，这里也是个绝佳的约会圣地。

这里肉眼所见的景色，就像是看到宝石箱被打翻了一样，这里没有喧宾夺主的巨型光芒，只有一丝小巧玲珑的美。

所以，这里也被称为“黄金百万美元夜景”。因为每当夜幕降临，你会看到400多万个灯亮起……按电费换算要超过百万美元，所以才被叫做百万夜景。

夏天，山上还有BBQ啤酒花园，非常推荐边喝酒边看夜景。

地址：神户市滩区摩耶山町2-2
交通：各线三宫站乘坐市巴士18系统摩耶缆车下车，再乘坐缆车在 星之站下车

## ◎ Bifuteki Kawamura三宫本店

神户牛是大家公认的和牛中最高级的名牌牛肉了。甚至许多人说到神户可能第一个想到的就是神户牛。

后来我才知道，全日本只有四个评级及拍卖神户牛的市场，所以，它特别的珍贵。而且，神户牛内部也有冠军牛之说。听说每次竞拍只有一头神户牛能拿冠军。而在这家店，你就可以吃到传说中稀少的神户牛中的佼佼者——冠军牛。

这家店的店铺风格是比较复古的日式洋风，因为神户自古是港口城市深受外来文化影响。这也算是比较复古的“神户风格”。围着铁板，师傅当面烤神户牛给你吃，油脂刚融化开，绝对是最好吃的。

用入口即化这样平凡的词都无法形容它。你会惊讶世界上竟然有这样的牛肉。

其实，作为黑毛和种的神户牛，最大特色就是油脂丰富、味道特别香。所以这样围观制作，闻着烧烤时的香味，也是品尝神户牛的一大乐趣。此外，这里还有烤蔬菜、海鲜，均出自专业厨师之手。如果你追求最高级别的和牛的话，下次来神户旅行的时候可以试试这家店哦。

这家店在关西，在东京也有分店。

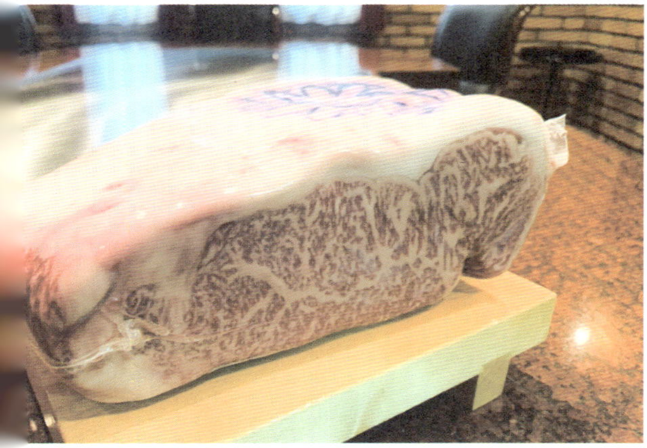

地址：兵库县神户市中央区加纳町4-5-13，1楼

交通：JR神户线三宫站西口，步行2分钟；阪急神户线三宫站东口，步行2分钟；地下铁西神/山手线三宫站东口，步行2分钟；阪神本线三宫站北口，步行3分钟

## 滩五乡

这里是日本第一的酒乡，是西乡、御影乡、鱼崎乡、西宫乡、今津乡的统称，现在指的是兵库县神户市东滩区和西宫市滩区这一整块区域。

这里有许多著名的，历史悠久的日本酒酒乡，比如赫赫有名的大关、菊正宗、白鹤等。

这块区域的酒有名、好喝，是因为这里富有泉水和大米，都说做出好喝的酒，好水是必须的条件。这里的“宫水”是富含丰富矿物质的硬水。

大家可以找几家酒窖进去参观，学习制作过程并试饮，了解日本酒的历史文化。

作为伴手礼带回家也是不错的选择哦。

注意：未成年人不可以饮酒哦。

# 和歌山县

和歌山县是一处非常优秀的旅行目的地，距离关西国际机场也很近。但似乎还并不为外国游客所知，相对来说外来游客还是少的。

和歌山位于日本本州最南端，海水资源丰富。

这里有许多世界文化遗产，有朝圣之路——熊野古道，多处天然温泉，白浜海滩，鲜到不行的生金枪鱼为首的各种生猛海鲜。

如果你想来一次和其他人不一样的日本之旅，远离城市喧嚣，体验自然和文化的融合，洗净心灵放松身心，那么和歌山真的是个不错的选择。

## 熊野古道

熊野古道是一条连接熊野三山、高野山、吉野、大峰三大灵场的千年道路。

这里也是著名的世界文化遗产。熊野古道和圣地亚哥朝圣之路是至今为止唯有的两处被列为世界文化遗产的参拜道路哦。

据说在历史上，平安时代的贵族们每年从京都远道而来，到熊野古道参拜。这里自古以来就是自然崇拜的灵修之地。所以为了体验了不一样的旅途，我特意租借了平安时代贵族们穿的日本传统服饰（《源氏物语》中的服饰），不论用色还是设计细节，都不同于我们常见的和服。

这样行走在熊野古道，有种切身体会穿越的感觉，也会忍不住想象，当时的人们在交通不便的情况下长途跋涉只为这景、为信仰是什么样的心情。来到熊野古道，你会享受到被绿荫包围的自然景观和这里独特的人文风光。 因为全程距离特别长，建议一般游客选择一小段路进行观光。推荐：日本第一那智瀑布，熊野本宫大社，串汤温泉。 这里不论怎么拍照都很美，特别是阳光照射下斑驳的光影。

在这里，你可以感受到自然的灵气与能量，可能这就是源自大自然的神秘力量。

服饰租借处：大门坂茶屋

地址：和歌山县东车娄郡那智胜浦町市野々392—4

体验时间：9:00—16:00（15:00前要到店）

价格：2小时3 000日元/1小时2 000日元

注意：由于熊野古道区域广泛，有许多条道路，建议大家查询自己所在酒店的位置并就近找一条自己想走的路。

## 胜浦渔港

很多人都听说过日本的金枪鱼竞拍，最广为人知的就是搬迁前的东京筑地市场了。

每天凌晨，都有来自全世界各地的人排队参观，把这里作为不容错过的旅行体验。虽然听不懂行家叫喊的话（会日语也听不懂），看不懂他们的手势，也不会分辨金枪鱼的好坏，但是，参观金枪鱼拍卖的乐趣就在于你可以感受现场热烈的气氛，看参加竞拍的行家们认真的脸、感受日本食鱼文化。

在和歌山也有一个临场感非常强的金枪鱼拍卖地——胜浦渔港。

这里的金枪鱼叫“生金枪鱼”，意思是没有经过冷冻的金枪鱼。其实在日本，没有经过冷冻的金枪鱼是比较少见，因为许多地方金枪鱼是海外进口的，和歌山得天独厚的海域环境，使得渔民在附近海域就可以捕捞到大量的金枪鱼，所以这里的生金枪鱼捕捞量全日本第一的。

这里的金枪鱼的味道真的不同于其他地区，生金枪鱼口感普遍特点是比较软糯，油脂丰富。

时间：7:00—8:00
地址：和歌山县东牟娄郡那智胜浦町筑地　交通：JR电车纪伊胜浦站，步行5分钟；休息日：周六、节假日的前一天、天气恶劣的时候

关于这里的拍卖，特别提醒大家，二楼免费参观且不用预约。一楼提前预约，需要收费，但你可以超近距离观看（筑地市场等是不能近距离观看的）。

推荐你看完竞拍，在隔壁市场吃吃早饭。有新鲜的金枪鱼寿司、海鲜盖浇饭店等。

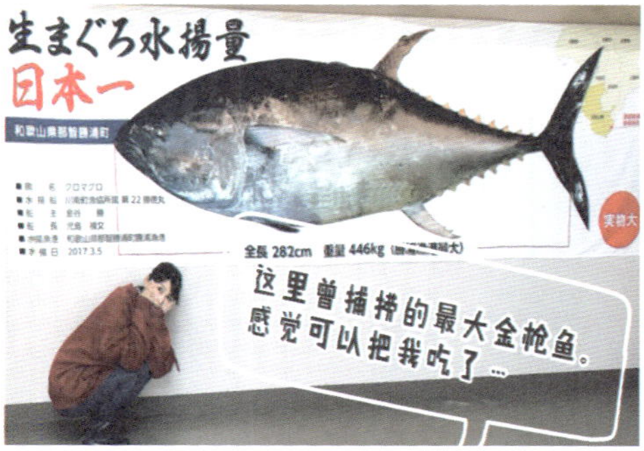

## Hotel浦岛

Hotel 浦岛酒店是一家从胜浦渔港码头乘船（酒店的船）3 分钟就可达到的酒店。

我喜欢把它形容为现实中的龙宫城，就是日本海贼王等动漫中曾看到过的，传说中的海神宫殿“龙宫城”。这家旅馆占地面积大到你怀疑自己的耳朵，这里大概有 20 多万平方米，共 681 间客房，可容纳 2800 名宾客。一整座山都是酒店的领地……酒店内有 6 处温泉，出门泡个温泉往返要走两千米路，真的是仅此一家了。

在这家酒店的温泉中，最推荐“忘归洞”。如其名，会美到让你忘记回去。这里是天然形成的洞窟和温泉。面朝大海、能听到海的声音。这里也是欣赏日出、日落、星空的绝佳场所。

酒店每晚的自助餐也很有“看点”。每一天都会有现场金枪鱼解体秀。

新鲜的一整只 30 千克左右的金枪鱼，现场切，现场吃，包括大脂（不喜欢自助的人也可以选择会席料理晚宴）。

客房大部分面朝大海。早上打开窗户看到的日出，美到难以言喻……

晚上大海的声音很近，感觉像是直接打到墙壁上，特别响。住在这里，你会切身体会到住在大海怀抱中的感觉。

地址：和歌山县东牟娄郡那智胜浦町胜浦1165-2 交通：JR纪伊胜浦站 步行5分钟，在码头乘坐酒店船3分钟可到达 人均消费：10 000日元/人/晚起（性价比在日本温泉旅馆里算非常高了。虽然价格根据季节有所变动，但这个是包含早饭、晚饭和住宿的价格哦）

# 白浜区域

## ◎ 白良浜海水浴场

白浜如其名，是白色的沙滩。夏天来到这里，你可以到海中游泳。

洁白的沙滩，清澈的海水，蓝天白云，让你仿佛置身于南方热带岛屿。

最关键是，这边沙滩周边都是温泉酒店，这里也是著名的温泉地。大海和天然温泉融为一体的度假地还是比较少见的，这也是白浜最大的魅力。

来到这里不妨在海边温泉旅馆住上一晚，既享受大海，也享受舒适的温泉。

地址：和歌山县西牟娄郡白浜町

附近交通：JR白浜站

## ◎ Toretore市场

Toretore 市场是南纪白浜的一家著名海鲜市场！曾经在日本著名动漫《名侦探柯南》里也有出现过（第 255 集里面主角们去和歌山的海鲜市场，就是这里了）。有兴趣的影迷可以对照下，圣地巡礼。

这个市场是一个在占地面积、性价比和食材新鲜程度上都属日本最大级别的海鲜市场。这里除了出售各种海鲜产品外，还可以买到很多和歌山当地特产，也有许多供试吃的产品。此外，这里还对游客十分友好的是，买到的海鲜，有当场可以生吃或 BBQ 吃的地方，可以做到现买现吃。

在这里，你还可以看到海，市场旁边有温泉可以泡，还有地方可以体验钓鱼…… 这是可以游玩一日的海鲜市场。在日本旅行，这样的海鲜市场、高速路休息站和居民超市都不容错过，因为来到这些地方，你可以融入当地，来一场深度游。

地址：和歌山县西牟娄郡白浜町坚田2521

交通：JR白浜站下车，打车5分钟可到达

## ◎ 冒险大世界

这里有海、陆、空各种动物，你一进门，就会看到有企鹅在游乐园门口的喷水池迎接你。

### ◆ 动物园区域

熊猫宝宝是一大人气看点。和日本其他动物园相比这里可以更近距离看到熊猫，没有玻璃。这里的熊猫宝宝都以当地白滨地名命名，如结滨等。园内人工感不强，有种在野外的感觉。一望无际的自然景象使你看动物更有真实感。看狮子的时候人在笼子里，感觉老虎在外面看着我们人类。此外，在这里你还可以和可爱的长颈鹿超近距离接触、投喂、一起自拍。

◆ 水族馆区域

这里的海豚表演特别酷炫。它的背景直接是壮观的大自然景色名，规模非常大。我曾见过一场海豚表演，共有十只海豚参与，但没见过十几只同时向一个方向跳起来的。因为这里场地足够大才能做到这点。

◆ 游乐场区域

这里的过山车真的很长，看上去就惊险刺激。当然也有小朋友能玩的项目，很适合亲子游哦。

地址：和歌山县西牟娄郡白浜町坚田2399番地

交通：JR白浜站下车，乘坐巴士10分钟可到达

九州位于日本最南端，是日本第三大岛。

除了东京、大阪、北海道、冲绳，近些年作为赴日旅行的目的地，九州越来越受到游客关注。

因为交通方便，九州铁路交通比较发达，买一张 jr pass 基本哪里都能去，也方便了自由行游客。

我去过九州很多次，在全日本范围内，九州的美食让我印象最为深刻。九州的美食，总是高于平均值。街边随意走进一家居酒屋，都很少“踩雷”。

可能因为这里面积大，有牧场，所以这里的肉类很美味；可能因为这里临海，海鲜也美味；可能因为这里有活火山，有

# Kyushu District

# 九州地区

丰富的地下水资源，水和酒也好喝……

总之吃货来九州没错了。

除此之外，拥有日本第一温泉大县的九州，有许多自然美景，也有热闹的城市，很适合多次旅行。

九州共有 7 个县：福冈县、大分县、宫崎县、佐贺县、长崎县、熊本县、鹿儿岛县。

# 福冈县

福冈县是离中国最近的日本大城市了，从上海飞过去只要一个半小时。

在九州中最繁华的地方也是福冈县。

来到福冈可以买买买，吃吃吃。

豚骨拉面的发祥地就在福冈，所以来到这儿一定要吃上一碗拉面。

## KENZO（体验屋台文化）

也许大家印象中日本的街区和城市干干净净，但其实日本也有“路边摊”文化。日本的路边摊叫“屋台”（屋台是指有屋顶并且能移动的餐饮或杂货店铺）。全日本屋台数量最多的地方就是九州的福冈了。至于为什么福冈最多的时候有上百家屋台聚集在一起，如此盛行屋台文化，据说，那是因为九州依山傍海，食材新鲜，九州人太爱吃，也太会吃了。

随着时代发展，现在九州的屋台也没有原来那么多了。

地址：福冈县福冈市博多区中洲5—6（明治安田生命楼前）
交通：中州川端站步行195米可到达
营业时间：19:00—次日2:00

但是你到中州和天神地区还是可以找到一些，有几家很有名。我给大家介绍一家中洲的屋台，周边就是购物区，离博多车站也非常近，交通便利。其实日本人喝酒，可能一个晚上会喝好几家，叫作はしご酒(梯子酒)，一家接着一家喝。而屋台就很适合做第二家“小酌一杯”的场所。我上次去屋台也遇到了一群人，他们在屋台认识好多年了，便成了朋友。这样一来，其中任一人来这待上一晚，总有熟人会出现（太像日剧情节了）。这家 KENZO 真的每道菜都非常好吃：关东煮、烤串，还有九州特色的炒内脏……猪大肠一点不腥，还很软，有淡淡奶香味，和高级居酒屋比毫不逊色。而且卫生方面大家也可以放心。在日本，即使是屋台，国家对其进行的监督也很严格。

所以屋台特色就是：座位间距窄，互相挨着，大家尽量不要影响隔壁的人；可以轻易和陌生人讲话，有些会成为朋友，有一期一会的相遇，也很美好。这就可以看出日本人怕给别人添麻烦的个性。

想能更好地了解日本文化并入乡随俗，体验一下日本的路边摊吧，好吃又温馨，这可能才是九州的正确夜生活打开方式。

# 天神 / 中州地区购物

这里是九州第一的繁华街——天神，是绝对的购物天堂：地下街、时尚商场、老字号百货店、品牌旗舰店应有尽有。毫不夸张地说，在这里你可以逛上一整天。

这里还有一处相离不远的地方——中州，相对来说商场更加亲民，性价比更高，许多当地人周末也会在这里度过。大家可以根据自己需求购物。

## MARUHACHI（糸岛）

从最繁华的福冈县驱车约一小时，你就能到达很美的海边——糸岛。这儿有许多家吃新鲜海鲜的地方。不愧是临海城市，这里吃海鲜性价比比较高，有点像大排档。

我去吃的这家，一千克生蚝 65 元人民币左右，海胆盖浇饭约 50 元人民币。除此之外也有很多其他海鲜可以选择。虽然这边的牡蛎是烤着吃的，但据说是新鲜到可以生吃的级别。

吹着海风，吃着海鲜……店主很贴心，在这里你可以租借防风衣外套，防止味道附着在衣服上，也可以防寒。

吃饱了，稍稍走一下，就能看到很美的海边神社，感觉自己找到了一个小秘境。

地址：福冈县糸岛市志摩船越415—17

交通：JR筑肥线 筑前前原站 打车3 000日元左右，或乘坐昭和巴士船越线

# 大分县

大分县自然景观十分丰富，而且温泉的涌出量和源泉数都是日本第一的，是名副其实的日本第一温泉大县。

大分县的温泉享誉全世界，像著名的别府温泉、汤布院温泉都在大分县。

除此之外也有其他日本第一，比如日本第一的碳酸泉，日本第一有名的烧酒，日本第一美水库，人均鸡肉食用量日本第一等。

## 别府地狱温泉

别府以温泉而闻名，全市有超过 200 个公共温泉，2000 多个温泉泉源，集中在这块区域的泉源数之多和泉质丰富程度，是世界范围内非常罕见的。而其中，位于别府市东部的地狱温泉，是最好的观赏性温泉了！别府八大地狱温泉分别是：海地狱、鬼石坊主地狱、山地狱、灶地狱、白池地狱、鬼山地狱、血地狱和龙卷地狱。颜色也分别有：红、绿、蓝、褐、无色透明等。

像血地狱就如其名，好像一池“血水”，水面还在冒泡，据说因为泉质中含有铁成分而形成这样的色泽，大自然的力量真不可小瞧。总之这壮观的景象也是别处没有的了。

来到别府，不仅享受泡温泉，更推荐去“地狱”逛一逛。

## ◎ 别府温泉保养乐园

这是一家非常有特色的温泉，也是非常著名的一家泥汤露天温泉。

在温泉入口，写着你即将进入“地狱”。长长的走廊，一路到达入口前，你就会听到大地“咆哮”的声音，路边冒着白烟，仿佛来到奇妙世界。

进入温泉，你会发现温泉池底沉淀着许多软泥，因此整个泉水看起来都是浑浊的乳白色。

对于这家温泉网络上的评论基本分两派：一派认为这里的泥浴温泉非常舒适享受且有美肤效果，因为有泥的成分，含有明矾泉质，泡完皮肤润滑光泽；另一派认为这里更偏像惩罚游戏，太猎奇了，无法适应。

这里有日本特色的混浴温泉，不过可以放心，有不是混浴的区域，也有女生专门的出入口，且泉质浑浊，脖子以下浸入温泉，是绝对安全的。

好奇心强的朋友不妨来亲自试一试，你会喜欢这奇特的泥汤温泉吗？

地址：大分县别府市明矾5组—1
交通：JR日丰线别府站乘龟之井巴士立命馆亚洲太平洋大学行，约25分钟在绀屋地狱前下车可到达
费用：大人1 100日元，小学生600日元，5岁以下350日元
住宿费用：大人7 750日元，小学生6 500日元，幼儿1 500日元（每人/晚，包含两餐，节假日可能稍有浮动具体查询官网）
电话：0977-66-2221
官网（日文）：
http://hoyoland.webcrow.jp/

# 汤布院

先科普一下这里日文读作 YUFUINN，在做九州攻略时你可能会发现有由布院和汤布院两种汉字的写法出现。其实这两个都是正确的。

这里车站名字叫由布院，观光地这片区域都是汤布院。

这里也是全日本范围内非常有名的温泉之城，是一个自古以来的温泉疗养地。

这片区域有各种类型的温泉，功效也各不相同。

个人觉得汤布院最大的特色是，虽然保留温泉街古色古香的氛围，但不失时尚。

近些年很受年轻女性欢迎，有许多三两女生组团旅行的目的地会选择这里。

这里再现了曾作为电影《哈利波特》取景地而闻名且被誉为世界最美村庄的英国 Cotswold 的小镇——Floral Village，十分梦幻。

汤布院街上也有许多环境时尚的甜品店，很适合拍照，甜品口味也是一流的，高品质。

来到汤布院，选择一家自己喜欢的温泉旅馆住上 1~2 天，享受温泉、品尝美味的温泉旅馆会席料理，到唯美景点打卡拍拍照，上街逛逛小店，来一份甜品，是不是听起来就特别棒？

## ◎ 山之酒店 梦想园

推荐一家位于汤布院的传统日式温泉旅馆，这是一家建在森林中，绝对可以让你远离城市喧嚣，尽情放松的好地方。

这家旅馆共有五处露天浴池，其中有两处可包场的家庭露天浴池，只要是住在这里的住客，都是可以免费使用的（许多温泉旅馆包场的露天温泉需要付费租借），所以性价比特别高。

还有这家旅馆最引以为豪的空海之汤，泡汤欣赏对岸的山河实景，风景绝佳。

地址：大分县由布市汤布院町川南1243
交通：JR由布院站下车，打车7分钟可到达

# 耶马溪

耶马溪荣获日本三景之一。这里有：本耶马溪、里耶马溪、深耶马溪、奥耶马溪。

两岸耸立着悬崖峭壁，在这里你可欣赏溪谷美景。长长的吊桥，青色洞窟，春天绿意盎然，秋天有唯美的红叶。来到九州，这一大奇景，四季分明，不要错过。

地址：大分县中津市耶马溪町大字深耶马

交通：日丰本线中津站乘坐大分交通巴士约1小时20分钟，深耶马溪下车

# 宫崎县

宫崎县位于九州东南部，气候温暖，日照时间长，因此也有“日向南”之称。这里森林资源十分丰富，生长许多亚热带植物，是一个阳光和绿色之地。

这里的海岸线风景特别美，有南方岛屿的情调，有美国加州西海岸的模样，别具一番风味。

## 宫崎大洋喜来登度假酒店

这是一家海边度假村和日式天然温泉完美融合的酒店。如果选择来九州的宫崎县旅行的话，可供选择的现代化高端酒店不多（还有很多是温泉旅馆），喜来登算是宫崎县酒店中的一个特例了。

这里会让你有来到热带岛屿度假村的感觉。它的占地面积十分广阔，在寸土寸金的日本的酒店中还是少见的。

◆全部房间都是海景房，早上起来就看到美美的粉红色日出，太幸福了。

◆休息室：住在这里的住宿客都可以使用，面包、咖啡、甜品都有售卖，环境是简洁北欧风。找个有毯子的位置，躺着慵懒的休息拍照可以待好久。

◆室外休息区：真火炉，在这里你可以买棉花糖、喝咖啡，自己烤棉花糖吃是这里的超人气项目。

◆室内外游泳池：各种娱乐设施完备，已经可以和任何海岛度假村媲美了，但这里还有天然的温泉。

◆适合打高尔夫：这家曾获过很多高尔夫酒店的奖项。

◆酒店内有十家餐厅和酒吧，可一站式娱乐。

地址：宫崎县宫崎市山崎町浜山
交通：JR宫崎站乘坐巴士约25分钟，seagaia下车可到达

## Sun Beach Hitotsuba

这里是宫崎县内唯一一处人工沙滩，也是离宫崎站最近的沙滩，其与宫崎临海公园相连，你可在临海公园内烧烤或者野餐。

北沙滩可以游玩各种海上项目，也可以体验在国内还非常小众的潮流水上运动：sup，站立桨板。

南沙滩则作为夏天的海水浴场非常具有人气。还有被誉为全日本最好吃的超人气汉堡店 The beach burger house，让你感觉仿佛来到了美国南加州海岸。

棕榈树，蓝白色的纯洁配色，让你忍不住按下快门。

南海岸距离宫崎大洋喜来登酒店非常近，租自行车10分钟内可到达
地址：宫崎县宫崎市阿波岐原町前浜1400—16
交通：JR宫崎站打车10分钟可到达

# 高千穗峡

这里就像是人间仙境，是九州的绝境名胜地之一。

据说12万年前和9万年前两次阿苏火山喷发后，火山岩浆流动，遇到河水急速冷却，经历漫长岁月的川流侵蚀，形成了这里独特的百米高的悬崖断壁和岩石风貌。

行走在幽静的山谷中，不禁令人感叹大自然的鬼斧神工。

峡谷内最大的看点是落差17米的真名井瀑布，你也可以坐着小船在峡谷中穿梭，近距离观赏瀑布。

地址：宫崎县西臼杵郡高千穗町三田井御盐井
交通：宫崎站乘坐JR电车到延冈站，乘坐路线巴士一个半小时可到达高千穗（博多站，大分县等也有直接前往高千穗的巴士）

# 佐贺县

佐贺县位于九州正中央，这里的陶瓷制品尤为出名，日本第一个陶瓷制品正是在有田诞生的。这里最有名的陶瓷器是唐津烧、有田烧和伊万里烧，是名副其实的日本的“陶瓷工艺之乡”。还有漂亮的热气球吸引着游客。

这里虽然是个小众的旅行地，但其实是个低调的，历史文化底蕴丰厚，文物古迹众多的城市。

## 热气球

### ◎ 佐贺国际热气球节

佐贺国际热气球节于每年 10 月末至 11 月初举办，是日本最大规模的国际热气球大赛。

届时，这里会有来自世界各国的上百个热气球团队参与其中。除了热气球飞行竞技，还有各色可爱的卡通和小动物。“奇幻热气球展”还有夜间活动，随着音乐伴奏将所有热气球停泊在河畔并点亮，场面十分梦幻。秋天去佐贺，你可以尽情欣赏五颜六色的热气球哦。

地址：佐贺县佐贺市嘉濑町大荻野
交通：JR长崎本线热气球佐贺站（临时站）下车

地址：佐贺县佐贺市松原2-2-27
交通：JR佐贺站下车，往县厅方向步行17分钟到达；JR佐贺站巴士中心乘坐巴士约5分钟在县厅前下车，步行一分钟

## ◎ 佐贺热气球博物馆

就算你没有赶上热气球节，在佐贺也有一个一年四季可以让你看到热气球的地方——佐贺热气球博物馆。

这里可以让你身临其境地体验热气球，了解热气球历史，体验驾驶热气球（模拟器）等，还有很多热气球的周边产品售卖哦。

## 佐贺牛

日本本土的牛肉——和牛的特征就是富含油脂，而其中，九州地区的佐贺牛也是赫赫有名的和牛品牌，可以和神户牛等相提并论。不是所有在佐贺生长的和牛都是佐贺牛，只有 A4、A5 级别的和牛并在佐贺成长且霜降级别在 No7 以上才能被评为佐贺牛。

评判标准高，所以珍贵。来到佐贺推荐品尝一顿当地美味正宗的佐贺牛。

### ◎ 季　乐

这家店在九州的佐贺县，福冈、东京都有分店，非常有名，是佐贺牛的老牌餐厅了，并且被评为米其林一星餐厅。

但由于其地理位置原因，这里的本店，价格基本比东京银座店便宜一半，而且也好预约一些。

为了体验那一口入口即化感的你，来到佐贺真的必须品尝。

价目（可能会有变动，仅供参考）：

夜市 150g 佐贺牛的套餐（包括前菜、甜品、汤、咖啡等）10 300 日元（约 650 人民币）普通和牛套餐 4 600 日元（约人民币 300 元），也包括前菜、蔬菜拼盘、甜品、咖啡等（晚上额外收取 10% 服务费）。

当然，这里也有午市，白天也可以来吃哦（切记，需要预约）。

地址：佐贺县佐贺市大财3–9–16
交通：JR长崎本线佐贺站，步行8分钟可到达

## 武雄温泉

佐贺有两处温泉很有名。一处是嬉野温泉，另一处武雄温泉，均为美人汤，就是女孩子会爱的，泡了皮肤会感觉顺滑的泉水。这两处温泉的泉质相似，嬉野温泉地区温泉数量更多一些，而从建筑物壮观程度来说武雄温泉可能更值得参观。

武雄地区有好几家温泉，其中最有名的是武雄温泉。1300 年前的《肥前国风土记》中就有对其的记载，建筑风格红色鲜艳有点像《千与千寻》的世界。这里有个朱色的门楼，也是其特色，是东京站设计师设计的。东京站天花板有八个生肖图案，失踪的四个生肖图案就在这里的门楼天花板中。所以这里对日本人来说是非常有历史意义的文化遗产。

武雄温泉地址：佐贺县武雄市武雄町大字武雄7425
交通：JR佐世保线武雄温泉站打车10分钟

### 武雄温泉特色

- 温度比较高。
- 美容水质滑溜溜，真的像涂了化妆水一样，泡得皮肤滑滑的，立竿见影。
- 帮助恢复肌肉疲劳的功效强。
- 来到武雄温泉能看到 100 多年前使用的温泉汤池长什么样，至今还保留完好 。
- 听说以前都是有权有势的人来，如将军御用等。
- 可以花费几百日元仅体验泡汤，也可以选择住宿。

## ◎ 汤元庄东洋馆

这次我去了武雄温泉参观，但住宿去了离温泉约 50 米的温泉旅馆。

这家旅馆也有近 400 年历史了！

源泉有多处，所以这里也能泡到一样泉质的温泉，美人汤。

旅馆房间也是红色配置，古色古香的和风设计，晚饭水准也极高。

汤元庄东洋馆地址：佐贺县武雄市武雄町武雄7408

# 长崎县

长崎县位于日本最南端，九州岛西部。

作为港口城市，长崎县从古至今与国外通商贸易往来，非常繁荣。

特别是江户时代，日本锁国，唯一允许与海外贸易的只有长崎县。

所以这里也比较特别，交融着各国文化的精髓，你能从饮食，街道，建筑甚至是一些小细节中看出其独有的融合文化。至今你能在这座城市中感受到各国的文化。其中，也包括我国文化，中国文化也深深影响着长崎。长崎县南部岛原半岛有丰富的温泉资源，北部佐世保有浪漫夜景的大型主题乐园，你会发现，长崎县充满魅力！

# 豪斯登堡

豪斯登堡是一个再现了中世纪欧洲荷兰街景的主题乐园，乐园占地面积非常大，园内有小桥、河水和大片的花海，也有住宿设施、餐厅、游玩项目、展览馆、商店等。

这个主题乐园，不同于大多数的主题乐园，它没有刺激的过山车等项目，多的是一些高科技 VR 项目，文化体验，夜景欣赏。

总的来说，你不用把这里当成主题乐园，而是当作你穿越到一个欧洲的复古小城市就好了。

夏天，这里有日本最大规模的水上乐园，每天在园内广场还有“广场舞”，大家可以一起参与。体验别样的文化十分有趣。

地址：长崎县佐世保市豪斯登堡町1-1
交通：JR豪斯登堡站
票务信息：大人7 000日元；中人6 000日元；小人4 600日元；未就学儿3 500日元

注意：大人：18岁以上／中人：中学、高中生／小人：小学生／未就学儿：4岁至小学生未满／3岁以下免费

## 长崎新地中华街和孔子庙

在日本有三个比较大的中华街，其中一个就在长崎。

来到这里，你可以品尝下被改良的中华料理。

这里，大街小巷都会贩卖的特色小吃：角煮馒头（角煮まんじゅう），原型是中国的东坡肉，夹在热气腾腾软绵绵的面皮里吃，感觉和平时吃的肉包子很不一样；还有长崎什锦面（長崎ちゃんぽん），据说最初是为中国留学生做的中华料理，食材多样，分量十足，口味丰厚的一碗面，真的不同于任何其他地区的日本拉面，最初看似普通，吃着吃着还吃上瘾了。真奇妙。

地址：长崎县长崎市新地町
交通：从长崎站乘坐路面电车“崇福寺”行大约8分钟，新地中华街站下车

这里还有日本少见的孔子庙，它是1893年由清政府和在日华侨共同建造的，这也是中国之外，唯一一座由中国人建造的孔子庙。

在异国他乡看到这样的景象，真是又亲切又骄傲。

地址：长崎县长崎市大浦町10-36
交通：新地中华街乘坐路面电车到大浦天主堂下车，步行3分钟到达

## 稻佐山公园展望台

临望海湾的地理位置和三面环山的独特山海景致，使长崎的夜景被评为“世界新三大夜景”之一。

这其中最值得推荐的是在稻佐山公园眺望整个长崎市，从标高333米的稻佐山看到的夜景，也被称为“千万美元”的夜景。

山顶还有可展望夜景的餐厅，非常具有人气哦。

地址：长崎县长崎市稻佐町
交通：长崎站前巴士亭乘坐长崎巴士3，4番系统（下大桥，小江源，相川行）大约7分钟，在缆车前站下车，步行2分钟可到达乘坐缆车处
缆车营业时间：9:00—22:00

# 熊本县

说到熊本大家会第一个想到什么？说实话，至今我第一个想到的还是那只可爱的熊本县“营业部长兼幸福部长”——熊本熊。去熊本，真的随处可见这只可爱的吉祥物。

熊本最具代表的就是日本著名的活火山——阿苏山。阿苏山周围的环境非常优美。

新鲜的空气，干净的地下水……这才是适合人类理想的居住环境吧。

# 熊本城

“熊本城迹”被指定为日本国家特别史迹。其中橹、城门、塀等13栋建筑被指定为国家重要文化遗产，与大阪城、名古屋城合称为日本三大名城，是个日本非常著名的旅游景点。

2016年4月的熊本地震，使以熊本为中心的广大地区都遭受了巨大灾难，熊本城多处被震得严重破损。

这次熊本城的修缮，需要很长的时间。据说完全修缮要到2038年，且费用昂贵。

熊本城的修缮对于遭受灾难的人来说是熊本县从灾难走向复兴的标志，对于后人来说，它也将是传达地震灾难的重要建筑。不论如何它的重要性永远不会变。

现在我们只能从护城河外望到天守阁的顶部，我也希望早日可以再看到熊本城原本的辉煌和美丽。

地址：熊本县熊本市中央区本丸1—1
交通：JR熊本站乘坐市内电车，熊本城市役所前下车步行10分钟可到达

## 黑川温泉

九州的黑川温泉一直位居日本温泉人气榜前三名，是深山中的温泉街。

在这里，除了有可以美肤的泉质之外，在山中更是聚集着 30 家温泉旅馆。只要你购买温泉通票（1 300 日元）就可以任意从 28 家温泉旅馆里选 3 家自己喜欢的去泡（有 2 家不参与活动）。要知道日本温泉旅馆的温泉，就像度假区的游泳池，许多地方可能只对住宿客人开放。而使用这个通票，就算你不住在温泉旅馆，只是来此地一日游也可使用。

其实泡温泉的乐趣，除了享受泉质之外，其温泉的设施，泡汤时望出去的风景、氛围也特别重要，而这里的每家温泉旅馆都各具特色的。

地址：熊本县阿苏郡南小国町满愿寺黑川
交通：阿苏站乘坐巴士55分钟到达南小国町役场前站，打车10分钟可到达黑川温泉（博多站，熊本机场等地有直达巴士）；
官网（英文）：
https://www.kurokawaonsen.or.jp/

## ◎ 深山山庄

在黑川温泉众多的温泉旅馆中，深山山庄是我住过的一家值得推荐的旅馆。这家旅馆面积特别大，地处深山中，与世无争。让你感觉来到世外桃源般宁静、安逸。客房都是独栋别墅，房间内有私人温泉，房间外的庭院里也有私人露天温泉，这就极大地满足了注重私密空间的客人。如果正值红叶季，在这里拍照会更加唯美。

地址：熊本县阿苏郡南小国町奥黑川温泉深山山庄
交通：熊本，大分，福冈站乘巴士到黑川温泉巴士亭可免费接驳（要预约）

# 阿苏九重国立公园

阿苏九重国立公园于1934年成立，历史悠久。

这里横跨大分县和熊本县两大县，这在世界范围内也是少数的破火山口，九重连山，鹤见岳的火山群；其周围还可以看到宏伟的大草原以及湿地、地下水源等众多景观。

你目光所及的地方全是美景，这一定会让你感叹大自然的魅力与宏大。

地址：大分县，熊本县
交通（因到达区域不同而不同）：阿苏山火山口丘：丰肥线阿苏站乘坐产交巴士在阿苏山山西下车/阿苏山口缆车火口西下车

# 鹿儿岛县

鹿儿岛位于九州最南端。

火山形成的优美自然景观和温泉是这里最大特色。

这其中最具代表的景观是樱岛，樱岛上有一座至今不间断喷发的活火山，山间还居住着人。来到这里你会惊讶发现爱干净的日本人，怎么也允许它们开的车都是脏脏的呢？当地人说，不是他们不洗车，是洗车后会立刻被火山灰所覆盖。

来到这里你必须体验的项目是罕见的天然沙蒸温泉，据说这是鹿儿岛独有的。这种温泉对于排除人体的炎性渗出物，供给身体养分，促进新陈代谢的效果是普通温泉的4倍。

## 寿庵

来这里你一定要尝尝鹿儿岛特色美食——鹿儿岛黑猪，这是个名牌猪。大家对日本的印象，可能更多的是美味的和牛，但其实日本也有很多名牌猪，其中九州鹿儿岛地区的六白黑猪就非常有人气。六白黑猪如其名，其身体只有六个部位是白色的：四肢、鼻子和尾巴，其他部位都是黑色。此品种的猪，其历史距今已有400余年了。据说最初它是是日本黑猪和英国约克夏猪的混血，黑猪成长本来就比较慢，繁殖相对较少，所以相较于普通的粉色猪更珍贵。

鹿儿岛六白黑猪除了每天吃普通饲料，还能吃到当地的紫薯等，把猪肉腥气降到最低。鹿儿岛六白黑猪特色是氨基酸含量高、肉质纤细、脂肪水分量低不油腻，嚼起来竟然能吃出奶香味，就算是平时没那么爱吃猪肉的我，都赞不绝口。其粉红颜色的脂肪和肉的比例，简直像饭店门口摆放的食物样本，漂亮得令人感觉不真实。大家来鹿儿岛旅行的时候，一定要试一试。

地址：鹿儿岛县鹿儿岛市武1–3–1
交通：JR鹿儿岛中央站西口步行2分钟

## 指宿白水馆

指宿位于鹿儿岛南端的温泉乡，白水馆作为这片区域一家知名的酒店享誉盛名，是这片区域面积最大，也是最高端的温泉酒店了。

在这里，你就可以体验鹿儿岛特色的沙蒸温泉。穿着酒店提供的专用浴衣，躺在热气腾腾的沙子上，会有工作人员将20千克重的沙子从脚给你盖到脖子，感觉盖了一层非常厚实的被子。

在 40 多度的沙子中你会感觉全身发汗，身体中的每一个细胞都暖了。

除此之外，这边的客房以及望出的景色，和鹿儿岛的萨摩日料，绝对会让你不枉此行。

地址：指宿市东方12126-12
交通：JR指宿站前下车，打车7分钟可到达/JR指宿站前下车，西口酒店免费接驳巴士 (15:10)

## 屋久岛

有人说，这是一生要去一次的梦幻岛屿。在这里，请你停下脚步，深呼吸，与7000多岁的神树对视。

这里的原始森林植物茂密，树枝蔓延，浅间清流，布满青苔，它是吉卜力动画电影《幽灵公主》的取景地。

在这里，还有个爱心形的洞口，许多人会来到这许下爱情愿望，感觉这一片灵地能帮你一一实现。

交通：从鹿儿岛本港乘坐高速船约2小时可到达（成人往返16 200日元）/从鹿儿岛本港乘坐一日一班的大型船约4小时可到达（成人往返9 000日元）除此之外，还有一日一班的大型船18:00出发次日7:00到达或飞机等交通。

日本中部地区包括：石川县、福井县、富山县、长野县、岐阜县、山梨县、静冈县、爱知县和三重县，是一个广大区域。从太平洋边到日本海边，这里有各种各样的自然美景和人文历史。

我将中部地区亲自去过的值得推荐的旅行区域：北陆地区（福井县、石川县、富山县），爱知县（名古屋市、常滑市），长野县（诹访市、轻井泽），岐阜县（飞驮高山、下吕温泉、白川村）和山梨县分为 5 个部分介绍给大家。

# Central Region

# 中部地区

# 北陆地区

**主要介绍：福井县、富山县、石川县**

北陆地区位于日本海沿岸，包括福井县、富山县、石川县三个县。相较其他地区来说，这块区域平原少，自然环境富饶，依山傍海。这里是并不广为人知的一块宝地，这里聚集着“富、金、福”。

除了地名中的汉字与这三个字谐音之外，这里富饶的大自然，盛产的金箔，是幸福感最高的地方，可以让你来一场名副其实的探索“金”“福”“富”之旅。

交通：上海浦东—小松机场航班约2小时可到达/东京站到金泽站新干线约2.5—3小时可到达/大阪站到福井站新干线约2小时可到达（北陆地区铁路通票特别的方便，开通北陆新干线之后，非常方便从大阪等地前往北陆）

## 北陆地区推荐吃的名物

### ◎ 白 虾

白虾是被称为“富山湾宝石”的日本富山县特产。如其名，其外表晶莹剔透，闪着光似的，特别漂亮。

它的口感软嫩鲜甜，和别的虾真的不一样，刺身、油炸、做汤等都极其鲜美。

富山湾是全世界白虾捕捞量最大的地区（其实全世界能捕捞白虾的地方真的不多），因为新鲜度难以保证加之捕捞量稀少，市面上能吃到的不多。所以来到北陆地区真的不能错过这份美味。

### ◎ 黑喉鱼

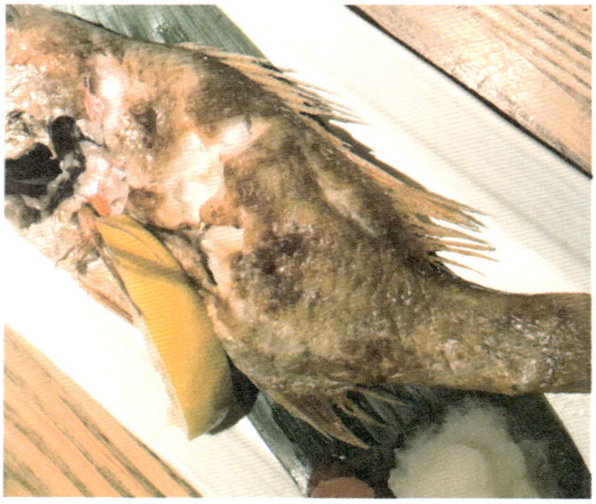

作为高级鱼的黑喉鱼，是整个北陆地区的特产。黑喉鱼脂肪丰富，特别香，没有腥气，你可以享用其原汁原味，做生鱼片和用少许盐烤特别好吃。此外，你也可以将各种黑喉鱼干货作为伴手礼带回国。

### ◎ 富山黑

富山黑拉面是一种使用了漆黑色酱油汤底的拉面，太有视觉冲击了。这是个有争议的拉面，原本是为当地体力劳动者准备的拉面，相对来说盐分偏高，在拉面中算是重口味的了。

有人说它偏咸，太重口味了。有人说就是这有点咸的浓郁酱油汤底让人上瘾。你敢尝试一下吗？

## ◎ 富山湾寿司

富山湾寿司是 2011 年诞生的，指富山县当地寿司店提供的寿司。有以下几个特征：

1. 通常一人份 10 个寿司。
2. 全部使用当地的，富山湾新鲜的食材，米也是富山县当地美味的大米。
3. 定额寿司，一人份 2 000~3 500 日元，性价比高，颠覆大家觉得板前寿司高贵的印象。
4. 店家会送你一碗具有富山特色的汤。
5. 寿司会根据季节变换，店家会提供当季最好吃的食材。

据说，日本海有 800 多种鱼类贝类水生物，而富山湾就拥有 500 多种。富山湾寿司中很有可能出现多种你从没吃过的生鱼哦。鲜，那是必须的。

## ◎ 香箱蟹

只有每年 11 月初至第二年的 1 月初之间，这里才会有香箱蟹供应，渔民只能在规定区域捕捞。

虽然个头相对来说不大，比起肉质更令人期待的是它浓郁的蟹膏和饱满的蟹子。

由于能品尝到的时期比较短，所以香箱蟹很珍贵。

## ◎ 昆布（こんぶしめ）

富山县的乡土料理，用昆布包裹生鱼片在冰箱里放置一个晚上，原本是为了更好保鲜的一种方法。但通过这样制作，昆布的美味和营养成分会移到生鱼上，且被吸走多余水分的鱼肉口感更加 Q 弹。

## ◎ 冰见乌冬面

冰见乌冬面是富山县、冰见县周边的乡土料理。面的形状扁平，晶莹白亮，口感特别的爽滑。冷的面，蘸汤汁吃更能享受它的顺滑、Q 弹口感，很好吃哦。

## ◎ 越前蟹

越前蟹是指在福井县越前海岸捕捞的雄性松叶蟹，不是一年四季都能吃到的哦。每年 11 月份左右“解禁”后，人们才会在市场上看到它的身影。

作为日本明治时代开始唯一进贡给皇室的螃蟹，越前蟹是最高级别的螃蟹，是名副其实的蟹中之王啦。

具有紧实、饱满、鲜甜的蟹腿肉，让蟹本身的味道更加明显。浓郁的蟹膏真应该配上一杯上好的日本酒。为此，甚至有人专程去北陆地区，只为吃上这一口。

大家记得找越前蟹，要认准蟹腿的黄色标签哦。

## ◎ 幻 鱼

幻鱼皮滑滑的，胶原蛋白含量高，营养价值高，人们甚至还会拿它去做美容胶囊。

如果在餐厅看到了它，你可以尝尝看哦。最推荐做天妇罗吃，软糯的口感会让你停不下来。

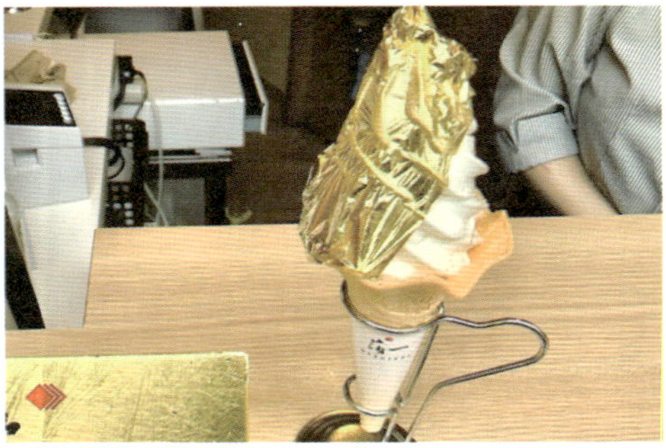

## ◎ 金箔冰淇淋

金箔是金泽特产。将一整片金箔贴在冰淇淋上的创意特别有视觉冲击力啦。

很多家店有卖这样的金箔冰淇淋，但无一例外，客人们总是“先给相机吃”啦。

金箔本身没什么味道，享受的就是这种“豪华”感。

## ◎ 金泽咖喱

金泽咖喱是你来金泽地区不能错过的B级美食。

金泽咖喱的特色是：颜色偏深，不同于一般的日式咖喱，它是黑色的。味道偏浓，偏辣。上面通常放香肠、炸猪排等吃起来扎实满足的料。大部分金泽咖喱店都可以免费续卷心菜，所以不必担心过于油腻。

“卷心菜 + 咖喱”的搭配，非常特别。

## ◎ 酱汁炸猪排饭

相信大家都知道日本的炸猪排盖浇饭，但福井县的炸猪排盖浇饭有点不一样哦。

福井的酱汁炸猪排中“酱汁”是不可缺少的角色。印象中的炸猪排是浇上去一点酱汁，但这里的感觉是整个猪排泡在酱汁里再捞出来的，是咸甜十分浓郁的酱汁炸猪排。当地人真的非常爱。此外，这里的猪排好像也相对来说切得薄些，很嫩，不会切开，而是直接大块放在饭上，显得十分豪爽。

## 福井县

福井县虽然特别小众，甚至很多日本人都不太了解这里，但它真的是个低调的实力派地区！

这里有日本重要的恐龙研究据点，有百年的眼镜制造历史，有日本第一的美味螃蟹！

全日本幸福感最高的地方就是这里。所以这里的关键词是“福”。

这里居民的幸福——走在这慢节奏的城市中，品尝来自大海的美味，我们也一定能感受到吧！

## ◎ 福井县立恐龙博物馆

这里太有趣了！在这里，大人和孩子都能玩半天，是个寓教于乐的好去处。

★日本最大，世界三大恐龙博物馆之一。

★馆内设计很棒，有一种从近代慢慢穿越前往远古时代的感觉，年代的划分明确易懂，视觉效果满分。

★展示 40 只以上恐龙全身骨架，有福井县发现的“福井龙”恐龙复原骨架。

★可以体验挖真的恐龙化石。

地址：福井县胜山市村冈町寺尾51—11katuyama恐龙森林内
交通：JR福井站乘坐越前铁路在胜山站下车，乘坐bus或者打车15分钟可到达

## ◎ 加藤吉平商店（日本酒——梵的酒藏）

梵——日本酒可谓是大有名气，作为供给皇室、日本领事馆和飞机头等舱等的主打日本酒，其每年获得上百个奖项，梵在世界各地获得好评。夸张点说，它几乎是“日本国宴酒”级别的啦。

梵诞生在福井县，制作的酒窖正在这里。

我曾经参观过酒窖，他们讲究不添加纯米酒，用精选的米和水，最令人震惊的是，酿造酒的时候他们在酒窖安装数十个bose印象给酒听交响乐。据说音乐的震动可以让酒发酵、搅拌得更加均匀。

将梵作为伴手礼是绝佳的选择，机场和商铺也会看到它的身影，但好多种酒是只有来到这里的本店才能入手的哦。

地址：福井县鲭江市吉江町1号11番地

## 石川县

在石川县，手工业和旅游业都很发达。周边自然景观优美，有著名的温泉乡，也可以看到名胜古迹。这里的关键词是“金”，金箔的金，金泽的金。

来到石川县一定要好好停留在金泽游玩呀。

### ◎ 金泽站

这里可不是一般的电车站，这里的玻璃顶和钢铁结构手鼓型的巨大木门的设计，非常有现代艺术感，十分壮观。

因此，这里也被美国知名旅行杂志评选为全球最美十大车站之一。

所以大家路过这里，除了出行搭乘电车，也乐意在站外好好欣赏这“最美车站”拍照留念哦。

## ◎ 金泽和服花恋

金泽还有很多古色古香的景点。

气派的金泽城，四季美景的日本庭院——兼六园，拥有小京都美称的东茶屋街……

穿着和服能更好融入这座城市，所以，如果你来金泽，我推荐你换上日本传统服饰——和服，为旅途留下美好回忆。

我曾经去过这里，特别推荐兼六园旁的和服出租店铺，这里是金泽出租和服店中品种最多的，简直像在逛博物馆一样。在这里，你一定能找到一款自己喜欢的和服。此外，这里的性价比高，连发型也会有专门人员帮忙打理，放心空手去就好啦。

地址：石川县金泽市兼六园町2-4
交通：从金泽站7番乘车口乘坐城下町金泽周游巴士（右回）到兼六园下金泽城下车即可到达

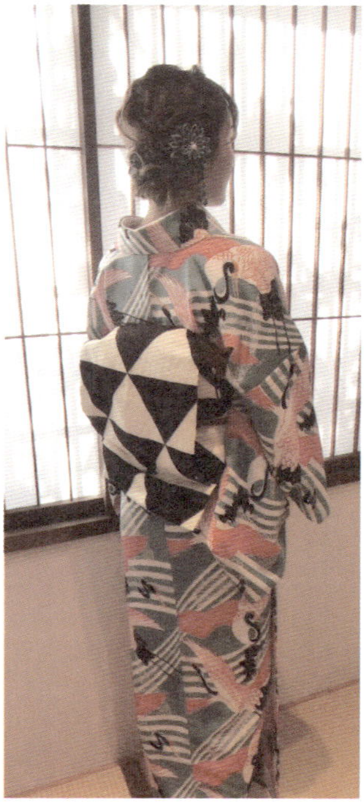

地址：石川县金泽市兼六町1-4
交通：从金泽站乘坐巴士或者打车10分钟可到达

## ◎ 兼六园

日本三大名园之一的兼六园位于金泽市市中心。它是金泽城旁的传统日式庭院，可以说它是金泽的代名词了，非常的有名。

它的名字由来是因其兼具了宏达、幽辽、人力、苍古、水泉和眺望六大条件。

它还有一大特点：它是利用了地势的高低差打造出的庭院，不论你从哪个角度欣赏都非常富有变化，拥有永不会让你厌倦的美景。四季分明，适合静心欣赏日本的传统园林艺术。

## ◎ 近江町市场

这座位于金泽市市中心的近江町市场，出售很多海产品、蔬菜、零食、生活杂物等。当地人也会经常光顾购买。在这里，你可以感受当地市井风情。最主要的是，推荐大家来这边吃午饭。这边还有好多家新鲜美味的寿司店和海鲜盖浇饭的店。

地址：近江町市场地址：石川县金泽市上近江町50
交通：从金泽车站步行15分钟可到达/从金泽车站乘坐巴士在武藏ヶ辻下车可到达

## ◎ 东茶屋街

这里是日本的“小京都”，至今保留着古色古香的氛围。

这里的石板路两侧是江户时代的茶屋建筑，有色彩浓重的红壳格子和虫笼格子板窗，能让你感受到历史痕迹，就像穿越了一样。

据说这里曾经是日本传统游艺饮食的地方，特别繁华，可能对于当时的人来说，这里就像东京的歌舞伎町。现在街上也有许多茶屋、小纪念品店和餐厅。

交通：乘坐金泽市内的巴士在“小桥町”或“东山三丁目”或“桥场町茶屋街”下车可到达

## ◎ 加贺温泉乡

刚才介绍的都是金泽市内的观光景点，下面我给大家推荐石川县著名的温泉乡。

加贺温泉乡位于石川县南部，是由山代、粟津、山中和片山津四处温泉构成的。

每个区域都有各自特色，比如山代温泉有可以喝的温泉，被称为“长寿之汤”；粟津温泉在这里历史最悠久，据说已有1300多年历史，是对皮肤好的“美肤之汤”；山中温泉是曾经许多文人们来访的地方，作为山中漆器——九谷烧之乡，能同时欣赏到许多传统工艺；片山津温泉湖畔边的温泉，从一天可以变色七次的柴山潟湖底涌出的原汤有丰富的矿物质，据说可以很好地帮助你舒解疲劳。

给大家介绍一个我去过的山中温泉。

## ◎ Kagari吉祥亭（加贺温泉乡）

这是一家将传统和风和现代融为一体的温泉旅馆。这里特别要推荐的是它的室外露天温泉——简直就是建造在森林中一样，有点儿梦幻感。在这里，你能感受微风拂面，倾听森林的声音，特别惬意。

这边分别有女生的公共露天温泉、男

生的公共露天温泉，你可以以小时为单位租借的包场露天温泉和带私人温泉的房间等（包场的温泉租借45分钟3 000日元）。

这些存在于深山老林中的温泉可能让你觉得比较无聊，不要烦恼，这周边有一条街一些小店的。此外，这里还有三座很美的桥：石头的、复古木质的、现代化的紫红色铁桥，有溪谷可以散步。溪谷散步途径也有可以坐下来享用和风下午茶的喝茶处（红亭子），有蛋糕、茶等。看着溪谷风景，听着水流湍急的声音，在这里享用下午茶是超赞的。

地址：石川县加贺市山中温泉koorogi（こおろぎ）町二1番地1
交通：金泽车站坐JR特急shirasagi半小时到加贺温泉站下车，乘坐公交北陆铁路巴士温泉山中线到山中温泉（大概40分钟）

## 富山县

富山县真的特别“富”。得天独厚的地理环境（面向日本海，三面环绕险山峻岭），让其拥有了富饶的大自然环境。

这里有丰富的美味海产品，历史传承下的童话般的村镇，壮观的黑部峡谷，也有天然温泉。

作为旅行地简直优秀到无话可说。

## ◎ 五个山合掌造村

合掌造这个词对很多人并不陌生，最有名的就是白川乡的合掌造了，整个村看上去就像是一个童话世界。

其实合掌造在日本还有一处很有名，就是五个山合掌造村了。目前五个山区域只剩下 20 多处合掌造建筑了，虽然不如白川乡大，但也是非常美的一个村。

这也是为数不多，真的有居民居住在里面的世界文化遗产哦。

合掌造，因其屋顶是与两个手掌合起来手臂形成的形状一样而得名。据说以前，在日本的豪雪地带为了房子不被积雪压坏，所以人们把屋顶建成这样的三角形形状。由厚厚的茅草制作而成的屋顶很壮观，整个建筑也没有用任何一个钉子。

除了在室外参观，有些居民家内部也是开放的，甚至用作民宿，可让游客住在里面。有兴趣的朋友可以去预约体验下。

## ◎ 勇 助

下面我介绍个“大户人家”，他家的房子是这里合掌村最大的一幢。这里白天对外开放参观，收取 300 日元参观费，里面真的很大。主人会请你在围炉边喝上一杯热茶，如果你懂日语，他会和你讲很多以前的故事，简直就是活的历史教科书。这里的房子一层是起居、吃饭等生活区域，二层和三层是作坊，用来养蚕。据说冬天大雪不方便出行时，这里的人都在自己家中生活和工作。“这里的一层能听到很响的上万只蚕吃叶子的声音”“学校除了寒暑假还有专门的‘蚕假’，以便学生回家帮忙收蚕丝。”听到老爷爷亲切地和你讲述教科书上不会教给你的事，是不是让你更加了解这里的习俗了呢？勇助每晚接待一组游客（2~7 人，五岁以上），据说这里夜晚的星空很美，晚上的合掌村安静得像一座童话中的小镇。女主人还会做上一份可口的和式晚餐。感兴趣的人关注官网提前预约哦。

官网：https://yusuke-gokayama.com/
富山县观光官网（有中文）：https://www.info-toyama.com/tokushu/gokayama/
五个山相仓合掌村地址：富山县南砺市相仓
交通：乘坐JR电车城端线至端前站，换乘前往五个山的巴士（25分钟），在相仓口下车，步行五分钟到达村内

## ◎ 雨晴海岸

在这里，你从电车上能看到一望无际的大海，总像是日本动画或电视剧中的场景，小清新的画面，让人忍不住按下快门。

这里海岸边的电车也正是宫崎骏动漫《千与千寻》中，千寻和无脸男一起乘坐的同款电车。

如果是晴天，你可以从雨晴海岸隔海眺望3000米高海拔、雄伟的立山连峰，据说这样的景色世界范围内也是十分罕见的。

这里被称为“最美车站”也是名副其实的。

地址：富山县高冈市太田雨晴24—74
交通：JR冰见线雨晴站下车步行5分钟可到达

## ◎ 新凑渔港

这里是被称为“天然的冰箱”的富山湾。这里拥有日本 800 多种鱼类中的 500 多种，所以我推荐你去当地的海鲜市场逛一逛。

这边一大特色是，中午可以看到新鲜的雪蟹竞拍。很多海鲜市场的拍卖都是早上进行的，但在这边你不用起大早也有机会感受到日本海鲜市场的拍卖氛围。而且这里的雪蟹都是当天捕捞的，新鲜程度极佳。

地板被一片红色的雪蟹覆盖的景象非常壮观哦。

在这里，最大的乐趣莫过于你可以在市场内买到各种海鲜，而且可以当场吃。当然，这里也有现场煮当天捕捞的雪蟹、白虾冰淇淋、海鲜盖浇饭等售卖。

地址：富山县射水市八幡町1-1100
交通：万叶线东新凑站步行10分钟
拍卖时间：13:00至拍卖结束
休息日：周日、周三、年初、年末和休场日
拍卖参观费用（每年9月至第二年5月）：100日元/人

## ◎ 立山黑部阿尔卑斯山脉路线

这里是“日本的阿尔卑斯山”“日本最后的秘境”。

立山黑部阿尔卑斯山脉路线，是指穿越日本北方阿尔卑斯的一条全长 90 千米的路线，连接着富山县与长野县。想要游玩这条路线，从哪边出发都可以，也可以根据自己的喜好选择走到半路返航。每年 4 月中旬至 11 月底营业，冬天停业。

一路上各季有不同美景，各处美景也有所不同。

下面，我就推荐几个我觉得不错的景观点。

### 美女平—室堂巴士

从立山站出发乘坐缆车到美女平，从美女平到室堂之间就乘坐巴士上山。非常轻松。

这条路线被称为美女平天空之路，行驶在广阔的高原上，天气好时你所见的景色绝对是别具一格。

如果正值秋季，一路上你会看到很漂亮的红叶。各种黄色、红色、橘色成渐变色的红叶布满在起伏连绵的山峰上，那是十分有层次感的画面。

路上还会偶遇这里的原住民，还有可能遇到可爱的小猴子等野生动物。这片区域的动植物是被严格保护的，所以司机师傅是绝对不会鸣喇叭的，除了道路之外我们所看到的都是大自然。

## 室堂

室堂海拔2450米，这里是“日本的阿尔卑斯山脉”的路线最高点，处于中心地带，是最有人气的一处观光景点了。

数个3000多米高的大山，呈360度全景出现在你眼前，包围着你。

静静欣赏“日本的阿尔卑斯山”最深的高山湖，碧蓝的御库里池，湖水中倒映着高山连绵的雄姿；近距离观看火山活动；感受冒着“仙气”的天然温泉——地狱谷温泉神秘的景象。

大自然的美好与壮观在这里你都能感受到，一定可以治愈你的身心。

虽然海拔很高，但这边设有步道，就算是登山初学者也不用担心，大家可以轻松在这里散步。

## 雪之大谷

立山是全世界范围内屈指可数的豪雪地带。雪之大谷是指，将立山室堂附近的积雪除雪建造而出的一条路。因为雪的高度可达 20 米，这样挖雪疏通的高耸白色的大雪壁十分壮观，游客可以乘坐巴士或徒步穿梭在其中，是一处超人气观光景点。

考虑到安全因素，这个景点仅在每年 4—6 月开放。也就是说，游客一年内仅有两个月的时间有机会看到这里的美景，十分珍贵。

走在雪之大谷中，除了满眼高高堆砌的银白色雪壁，就只能看到蓝色天空了，就好像身处一个梦幻银白色的迷宫里一样。雪可以触碰。大家来到这里一定会被这从未见过的景色震撼、感动。

开放时间：4月中旬至6月中旬（具体开放时间见官网）
费用：参观免费（需要花费到达的车费等）
官网：http://www.alpen-route.com/

## 黑部水库

黑部水库拥有日本最高的水坝，这个水坝主体高 186 米，被日本人称为“世纪大工程”，非常壮观。

这里泄洪时，每秒可以流出 15 万吨水，气势恢弘，只能用震撼来形容。

在阳光照耀下，水体还会形成彩虹，许多游客特意为此前来抓拍。

## ◎ 宇奈月温泉

这里有黑部峡谷中最古老的温泉，也是日本三大溪谷之一。

这里温泉的泉质是无色透明、弱碱性的。它的透明度堪称日本第一，是温泉中比较罕见的。

在宇奈月温泉站，出站就能看到热气腾腾的温泉水的喷泉，真是太特别了。

车站旁还可以看到红色的铁桥，不时跑着复古小列车，十分惬意。

这里也是黑部峡谷铁道立山黑部阿尔卑斯山脉路线的出发站，交通特别方便。观光的同时住上一晚，泡温泉放松身心是个不错的选择哦。

我给推荐大家一家这里历史悠久，十分有名的温泉旅馆。

## 宇奈月温泉 延乐

这里可以说是最能代表宇奈月温泉的老牌温泉旅馆了。这家是传统的和风温泉旅馆，招待服务人员热情、贴心，榻榻米的房间宽敞舒适，风景绝美（所有房间都可以望到黑部峡谷的美景）。此处还有由富山当地当季特色食材制作而成的精致料理。

更优秀的是，它的室外露天温泉。泡着露天温泉看着的溪谷风景，就像是透过一个画框，看一幅生动的风景画，还有立体河流声，享受至极。

当然，这里也有带私汤的房间，重视私密空间的小伙伴也可以在这里彻底放松身心啦。

地址：富山县黑部市宇奈月温泉347-1
交通：富山地方铁道宇奈月温泉站步行3分钟可到达/JR黑部宇奈月温泉站有酒店免费接驳车，要提前预约

# 爱知县

相信名古屋大家都不陌生。爱知县有著名的工业区，丰田汽车等企业在这里诞生，同时陶瓷等历史悠久的产业也很发达。名古屋市地理位置好，位于东京和大阪之间，是日本的交通要地之一，也是日本三大都市圈之一——名古屋都市圈的组成部分。

## 常滑市

从中部国际机场坐电车到常滑市只要 3 分钟，特别方便。

常滑市名字的由来和它的一样特产有关。常在日文中的读音与“床”谐音，意思是地面，滑就是顺滑。自古以来这里的地露出过许多黏土层，非常适合做陶瓷器。

所以，这里的名产是陶瓷器——常滑烧。

## 常滑烧

走在常滑街头，你会看到各种陶瓷器制成的物品点缀装饰着散步道，甚至在狭窄的胡同中，你会惊喜地发现墙壁甚至地板都是陶瓷器制作而成的，整条街弥漫着文艺小清新气息。

在这里，你可以边散步，边试着寻找堤坝上的那只巨大的3.8米高的招财猫头，它仿佛俯视着整个街道，它可是这里的一大看点。随后，你可以随意走进一家颇有氛围的小店，买常滑烧的手工艺品作为伴手礼。

## 名古屋市

爱知县最大、最热闹、最繁华的城市就是名古屋市。

名古屋无论在日本历史上还是现如今，都是非常重要的一座城市。作为一座在日本中部的中心城市，又位于东京和京都之间，它也常被称为“中京”。

这里作为交通枢纽，工业和商业都很发达，历史风韵浓厚。

如果你喜欢赴日旅行，那么名古屋市一定不容错过啦。

### ◎ 鳗鱼饭

名古屋的烤鳗鱼饭（hithumabushi）很有名。鳗鱼饭在日本算是高级料理，而名古屋的鳗鱼饭吃法也比较特别：

1. 先将盛装在“饭盒”中的鳗鱼饭像切蛋糕一样，四等分。

2. 取 1/4 的鳗鱼饭到自己碗里直接吃，享用新鲜烤制的鳗鱼美味，皮微脆，肉质酥松。

3. 第二碗再取 1/4 的鳗鱼饭到碗里，加入葱芥末等香辛料一起吃，解腻提鲜。

4. 第三碗再取 1/4 的鳗鱼饭到碗里，加入热高汤做成茶泡饭风享用，暖到心里。

5. 剩下的 1/4 份鳗鱼饭，从以上三种吃法中挑个自己最喜欢的，再吃一次。

名古屋的烤鳗鱼酱汁通常是用“老抽”酱油制作而成的，浓郁鲜美。

地址：爱知县名古屋市中村区明站 3–28–12，3楼（名古屋车站对面，大名古屋building内）

给大家推荐一家名古屋车站旁的鳗鱼饭专门店。

烤鳗鱼饭名古屋备长

大家都知道，烤鳗鱼料理，皮和肉衔接的地方非常重要，如果处理不好的话，口味、口感肯定不佳。所以，想吃到好吃的鳗鱼饭，必须要选择食材新鲜，汤汁美味，制作精心的店，这很重要。

这家店使用稀少珍贵的备长炭均匀烤制鳗鱼，可以让你吃到地道的名古屋烤鳗鱼饭哦。

## ◎ 烤鸡翅

在名古屋，还有一种特色食物就是烤鸡翅。而且说到名古屋的烤鸡翅，通常指烤鸡翅尖。

甜辣的调味料，一定要辣味略突出，撒上许多芝麻，口感脆脆的，是啤酒的黄金搭档。除此之外，甜辣调味炖煮的鸡翅尖在名古屋也很受欢迎。

下面，我给大家推荐名古屋的一家能吃到好吃鸡翅尖的店铺，这家店很有名，说到鸡翅尖大家就能想到它——风来坊。你偶尔能在街边看到它的身影，当然，基本上所有商场里都能找到这家店。

注意：未成年人不可以饮酒哦。

## ◎ 绿洲21

绿洲 21 是名古屋著名的地标建筑，是城市中的一处绿洲。

这是一个集公园、巴士终点站、公共设施和商业设施为一体的复合设施，对于你的娱乐、购物、休闲需求它都能够满足。

它的外形就像是一艘由玻璃制成的宇宙飞船，顶楼的“水的宇宙船”就像是天空之境。

夜里也是欣赏名古屋塔，欣赏夜景的绝佳位置。惬意浪漫的氛围，也特别适合情侣约会。

## ◎ 乐高乐园

来到名古屋你会知道，乐高不仅仅是在玩具店卖给小朋友玩的玩具，它还可以是一个独特的小世界。

在这个亚洲最大的乐高乐园中，有40多种游乐设施，7大体验区。包括惊险刺激的过山车项目，相信不仅小朋友，大人也可以玩得不亦乐乎。

与著名的迪士尼、环球影城等主题乐园不同的是，这里更重视挖掘和培养孩子们探索的兴趣、创造力和想象力，是一个真正寓教于乐的主题乐园，非常推荐你将这里作为亲子游目的地。

地址：名古屋市港区金城ふ头2丁目2-1
交通：JR名古屋站乘坐aonami线电车约20分钟，在金城ふ头站下车步行可到达

## ◎ 名古屋城

名古屋城别名“金城”，与大阪城和熊本城合称为日本三大名城。

这里由黄金打造的鸱吻—金鯱在建筑楼顶的天守阁是日本国内规模最大的，也是日本历史上非常重要的建筑。

特别推荐樱花季节到这里旅行。届时，你可以看到2000多株樱花竞相绽放的美景。

地址：名古屋市中区本丸1番1号
交通：名城线市役所站下车7号口出来步行5分钟可到达/城市巴士荣13号系统名古屋城正门前下车可到达

# 长野县

长野县是日本的内陆县，拥有丰富的高山湖和河流，被称为“日本的瑞士”，是名副其实的度假胜地。

## 诹访市

### ◎ 诹访湖（立石公园）

新海诚的电影《你的名字》当年大火，相信不少人都有看过。

那这张图片有没有让你觉得有点眼熟呢？

这是日本中部最大的一个湖——诹访湖，也正是电影《你的名字》中出现的最经典场面之一。新海诚导演出生在长野县，据说他当时在这里得到灵感，画出了陨石坑。

从立石公园俯瞰，这里的夕阳十分唯美。

这周边（岐阜县）也有许多电影《你的名字》中出现的其他场景，有不少影迷特意前来中部地区，开启电影《你的名字》的圣地巡礼。

地址：诹访市上诹访10399番地外
交通：JR中央本线上诹访站打车10分钟可到达

## 轻井泽

有“东京后花园”之称的轻井泽，因地处海拔约 1000 米高原的关系，全年平均气温 7.8℃，夏天平均气温 20.5℃，是日本首屈一指的避暑胜地。

日本人喜欢夏天来到这里避暑、赏景、打高尔夫，冬天来滑雪、玩雪。

之前热播的日剧《四重奏》就是在轻井泽以及周边地区取景的，其中许多漂亮别致的景色引起了大家的关注。宫崎骏的动画电影《起风了》的故事背景也是轻井泽。

但比起东京周边的镰仓、箱根等地，这里对海外游客来说相对还有些陌生。

作为著名度假胜地，这里的购物设施齐全，如果想要休闲度假一站式娱乐，减少移动时间和路程的奔波，这里真的是个不错的选择。

如果是夏季旅行推荐 5—7 月、9—10 月，错开高峰。

交通：东京乘坐新干线不用换乘，1小时就可到达

### ◎ 轻井泽王子度假区

我隆重向你推荐一个绝对让你省心、省事的度假区——轻井泽王子度假区。

轻井泽王子度假区是一个占地 442 万平方米的复合型度假设施。

度假区中共有四家酒店，汇集了城市酒店、小木屋、别墅等各种风格的住宿设施。而且区域内有网球场、高尔夫场、滑雪场、温泉、日本最大规模的度假区商场等。

住在王子大饭店旗下任何一家酒店，都可以乘坐免费接驳车，往来于这块区域内的各景点之间，特别方便、省心。你不用担心交通，只管玩就好了。

度假区内四处可以选择住的酒店：

1. 轻井泽王子大饭店东馆：都市酒店的感觉，有森林景房等，适合两人出行，离滑雪场最近。

2. 轻井泽王子大饭店西馆：环境优美，有多种类型的小木屋可选择，两室一厅，四室一厅等小木屋适合家庭为单位的多人数出行，可感受住在森林中的体验。

3. 别墅 Villa：比小木屋更大更奢华，硬件设施比较好，入住别墅 Villa 还可以免费使用滑雪场；别墅专用餐厅里免费吃简餐水果，晚上提供酒精饮料等；可以免费试用东馆的天然温泉；免费使用脚踏车、网球、保龄球等。

4. The prince karuizawa：在轻井泽王子大饭店中最高级的一处住宿。这里优雅别致，服务极致，地处比较安静的区域，适合安静度假，打高尔夫。

### 轻井泽王子大饭店东馆滑雪场

这里真的是离酒店零距离的，特别方便。如果你累了，可以立刻回房间休息，空手来体验也没问题，在这里衣服、装备、道具都可以租借。

推荐你冬天来到轻井泽滑雪是因为这边天气稳定，这里晴天的概率高达 90%。如果冬天好不容易来滑雪一次，天气不好心情也不会好。

这里有 195 台人工降雪机器和 8 台人工造雪机器，保证滑雪场每天都是最佳状态，冬季来游玩的，不容错过。这里最大滑行距离为 1200 米，滑道坡度最大为 30 度，路线 10 余条。

营业时间：11月至第二年4月
交通：轻井泽站乘坐接驳车十几分钟即可到达轻井泽王子大饭店东馆

轻井泽王子购物广场（奥特莱斯）

轻井泽王子购物广场（奥特莱斯）位于轻井泽站的南口，和车站直接相连，是轻井泽王子大饭店提供的免费接驳循环巴士的一站，交通特别方便。

这里是日本数一数二级超大规模的奥特莱斯，共有 200 多家店铺入驻其中。

相对于日本其他地区的奥特莱斯，这里奢侈品品牌居多：服饰、鞋、箱包、家居用品、伴手礼、零食等应有尽有。

地址：长野县北佐久郡轻井泽町轻井泽（轻井泽站）

## ◎ 白丝瀑布

如果你想看秘境美景的话，这里再适合不过了。如其名，这里的景色像上千根白丝挂在石岩上一样，让你感受到满满的负离子。

这里拥有四季分明的美。春天被新绿包围着，夏天能感受到舒服的丝丝的清凉，秋天有好看的红叶，冬天有积雪的美景。

这里的瀑布高度不高，但横线很宽，显得颇有特色，站在瀑布前就像在用大自然的立体环绕音箱听瀑布声一样。

地址：长野县北佐久郡轻井泽町长仓（小濑）
交通：从轻井泽车站乘坐草轻交通巴士20分钟到白丝瀑布下车，步行五分钟可到达

## 岐阜县

可能大部分人没听说过这个县，就连许多日本人说到这里也并不熟悉。

近年来，这里作为旅游观光地越来越受瞩目，许多想在日本旅行体验的项目在此地密集地聚集在一起。

来到岐阜县，你能在高山市感受古色古香的和风街区，在飞騨古川进行著名电影《你的名字》取景地的圣地巡礼，去看看童话般的世界遗产——合掌造村白川乡，享受日本三名泉之一的下吕温泉。

### 飞騨市

这里的牛肉非常有名。有机会一定不要错过好吃的飞騨牛。

还有许多人远道而来，就是为了新海诚导演著名电影《你的名字》的圣地巡礼。下面打卡几个电影同款景点吧。

## ◎ 古川车站

古川车站是东海旅客铁道高山本线沿线的铁路车站，站内还有飞騨牛的一个立板，也是电影同款。

## ◎ 气多若宫神社

气多若宫神社在电影《你的名字》中多次出现，图片为女主角所居住的地方出现的宫水神社的原型——气多若宫神社，整个神社有种肃然的氛围。

来到这里神社石梯下的绘马上，你能看到许多画着《你的名字》的动画图，看来有不少影迷已经早早来打卡过了哦。

地址：飞騨市古川町上气多1297番地
交通：从古川车站步行15分钟左右可到达

地址：飞驒市古川町本町2—22
交通：从古川站步行5分钟可到达

## ◎ 飞驒市图书馆

这里是一个市民图书馆。在电影中，男主为了了解女主居住的城市来图书馆查资料。电影同款位置，还原度简直达到了99%。

这边还有一个书架上放着《你的名字》相关书籍，有一本留言本，大家可以任意涂鸦，就像是和陌生人隔空的交换日记，十分有趣。

## 高山市

在高山市，最吸引人的就是被完整保存的古老的街区。

### ◎ 高山城区

这里俗称“小京都”，街上满是江户后期至明治时代遗留的建筑物，古朴的氛围让整个街区都看似十分的安静、祥和，商业气息相对来说没那么浓重，也没有特别多的观光客，街边也有些和风小店、茶馆等。

交通：JR高山站步行12分钟左右可到达

## 下吕温泉

下吕温泉与有马温泉、草津温泉并称日本三大名泉。泉质是有美肤效果的美人汤。

来到这里你不用做过多攻略，这里有沿飞騨河而形成的一条温泉街，街上有很多免费的足汤、小吃店可以逛。

来到这里建议住在温泉旅馆，好好放松一下因旅途而劳累的身躯。

## ◎ 下吕温泉山形屋（温泉旅馆）

这家温泉旅馆创建于1804年，是老牌温泉，也是这片区域最有名的温泉旅馆之一。

旅馆内，有设私汤温泉的房间，也有可以包场的室外露天温泉，还有公共室外露天温泉。

晚饭的会席料理非常美味，店家会根据季节不同变换菜单，但飞驒牛是必不可少的食材，入口即化的高品质飞驒牛真的是人间美味。

这里一大“名物”是上海出身的老板娘，如果遇到了你也可以拉着她聊上几句。

地址：下吕市汤之岛260—1
交通：JR高山本线下吕站步行13分钟可到达（13:30—18:30有免费接驳车）

# 白川乡

这里作为日本国家指定的重要文化遗产，白川乡的照片相信许多人都看过。

从山上俯瞰这个村子，这里三角形屋顶的房子，就像是童话世界里的小房子一样显得神秘可爱，特别是夜晚万家灯火亮起的时候，你感觉自己像是来到了不一样的世界，这里保持着它自己的宁静。

你可以从外面好好欣赏这稀有的合掌造建筑，可以进入内部参观（有些房子对游客开放参观，比如，和田家），也可以随处走走停停拍照，用相机记录眼前的美好。

我只想说这个景色实在太特别了，就算专程为看它而来都是值得的。

地址：岐阜县大野郡白川村荻町1086
交通：富山站、富山机场、高山浓飞巴士站、名古屋站、高冈站等都是有直达白川乡的巴士，约两个多小时可到达

山阴山阳四国地区是9个县的统称，也常叫作中国四国地区。

这里的中国与我国的名称没有关联，没有侵犯之意。日本的中国地区名字源于日本平安时代，当时以首都京都为中心，贵族和朝廷将日本国国土根据距离远近分三个地区，分别命名为“近国”“中国”“远国”，“中国”就是相对位于中部地区的意思，这一名称一直沿用至今。

山阴山阳地区包括：鸟取县、岛根县、冈山县、广岛县和山口县。

四国地区包括：香川县、德岛县、高

# Shikoku Region

# 山阴山阳·四国地区

知县和爱媛县。

这片地区依山傍海的区域较多，除了拥有天然风光外，美食众多。

# 山阴山阳地区

## 鸟取县

鸟取县是日本人口最少的一个县了。

实话说，日本人选择去鸟取县旅行的都是少数，在日本人心目中，鸟取县的人气一直不高。这里曾作为日本最后一个开星巴克的县而闻名（2015 年）。

但它隐藏着许多令你意想不到的旅游名胜，近些年反而很受欧美游客的喜爱。

沙丘景象，大山，动画的圣地巡礼……

总之，如果连鸟取县都打卡了，那你一定是一个不折不扣的日本旅行达人了。

## 鸟取沙丘

鸟取沙丘位于鸟取县东部，东西长约千米，南北宽约 2 千米，是日本最大的沙丘。

可能说到鸟取县，最著名的就数鸟取沙丘了吧。

在鸟取还没有星巴克咖啡店，被嘲笑落后的时候，鸟取县知事说了一句非常风趣经典的话："虽然鸟取县没有 sutaba（星巴克咖啡）但我们有日本第一的 sunaba（沙场）"。

在日本能看到这样的沙丘景象是非常难得的。

为了维护这个日本稀少的沙丘景象，在世界都在努力将沙丘绿洲化的时候，鸟取县在努力让沙丘不要"绿洲化"，为此，他们会定期砍伐周边树木。

在这里，徒步爬上沙丘顶端后你会看到一整片大海。

这里也可以体验到沙丘骑骆驼、乘滑翔伞等项目，记得要提前预约的哦。

滑翔伞体验：半日 7500 日元，一日 12500 日元，多次畅玩

骑骆驼游览：1300 日元 / 人，纪念照 100 日元 / 张

地址：鸟取县鸟取市福部町汤山 2164–661
交通：鸟取县到鸟取沙丘有麒麟狮子巴士和路线巴士，打车约20分钟 2 500日元左右

## 青山刚昌故乡馆

著名动画《名侦探柯南》的作者青山刚昌先生出生于鸟取县北荣町，所以这里也被称为柯南之街。

整个北荣町区域充满名侦探柯南的元素。柯南大道，柯南桥，许多《名侦探柯南》中卡通人物的雕像等在这里汇集。

其中青山刚昌故乡馆，是柯南迷们的人气打卡地，特别是门口黄色甲壳虫——阿笠博士的汽车。对于柯南迷来说太亲切了，馆内主要展示的是柯南主题，也有青山先生早期的漫画作品和个人经历介绍。

地址：东伯郡北荣町由良宿1414
交通：JR由良站步行20分钟或打车5分钟可到达
票务信息：中学生500日元，大人700日元
营业时间：4—10月 周一至周日 9:30—17:30，
11月至第二年3月 周一至周日 9:30—17:00

## 大山

鸟取县有一个与富士山相提并论的著名圣山——大山，没错，它的名字如此大气朴实，就叫作大山。

大山是鸟取县西部八座相连山峰的总称，从许多景点眺望都可以欣赏到大山，在这里你可以欣赏四季分明的美景。

在这里，爬山、远观、去周边牧场游玩、去周边和山上寺庙净化心灵都是不错的选择。

# 岛根县

岛根县位于日本西南部，北临日本海，南部是连绵的群山，依山傍海，气候真的非常适合旅行。

但在 2018 年中国游客访问日本地区排行榜中，岛根县却是第 47 名，倒数第一。竟然是赴日游客最少的一个县。

这个不为国内游客熟知的“冷门”地区，其实藏着很多有趣的地方哦。

我听当地人说，“岛根”名字的由来，是日本岛的根部的意思，顾名思义就是日本发源的地方。这里有许多古代文化遗迹，也有许多神话故事传说。

喜欢神话故事的游客不要错过。当然，这里也有非常有名的美肤温泉。

## 出云大社

出云大社是日本最古老的神社之一，在日本用“大社”命名的神社其实并不多。这里供奉的神是被称为“国中第一之灵神”的大国主大神。

日本的 11 月份有一个叫法是“神无月”，唯独岛根县叫作“神在月”。

因为传说那个时候，日本全国的八百万神灵都聚集到此进行神议。所以出云大社的厉害以及其在日本人心目中的神圣地位由此可见。

地址：岛根县出云市大社町杵筑东195
交通：JR出云市站乘坐一畑巴士（出云大社·日御碕·宇竜行）约25分钟可到达

而其中，最灵验的是结缘，这里每天都会有许多年轻女性前来，她们都是诚心前来求恋爱运的。

这里的参拜方式也比较特别，要遵循“二礼、四拍手、一礼”的程序。这比一般神社多了两次拍掌，也是出云大社的独特之处。如果大家前来参拜，千万不要搞错了哦。

出云大社，像一个大的公园一样，在这里，你还会看到许多狗狗散步，环境非常好。

日本很多神社附近都有一条非常好的略微复古气息的，有小吃和杂货店的街，这里也不例外。有机会大家也记得在这里品尝日本三大荞麦面之一的出云荞麦面，一种面分三种口味。

## 玉造温泉街

这是一条非常有名的温泉街，拥有日本3000个温泉中被誉为最古老的温泉。1300多年前的书籍中，也有关于玉造温泉的记载。

这里的温泉水有人称其为化妆水、神水。因为摸起来都是滑滑的。可能因为泉质中含有众多矿物质，泡完你就能立刻感受到皮肤的顺滑与细嫩。

因其有强大的美肤效果，深受女性欢迎。

温泉街上有多处可以免费泡的足汤，河边的足汤十分有趣（但是由于是源泉非常烫）。也有化妆品店，点心店等。

下午，你可以在街上逛逛，晚上住在这里的温泉旅馆，好好放松一下身心。

下面我向大家介绍一家玉造温泉附近的温泉旅馆。

## 温泉旅馆玉泉

这家是我住过好多次的温泉旅馆，是绝对标准的传统和风旅馆，你可以在这里享受温泉旅馆的极致服务。

旅馆拥有漂亮的日式庭院，可美肤的室外露天温泉，晚上享受当季的美味会席料理，在旅馆大堂用餐后欣赏当地歌舞表演，是不是听上去就很不错？

地址：岛根县松江市玉汤町玉造53-2
交通：JR玉造温泉站打车5分钟可到达，或乘坐巴士在温泉下站下车步行3分钟可到达

# 冈山县

冈山县被称为“晴天之国”，是全日本下雨最少的一个地区啦。

来这里很大概率你会遇到漂亮的蓝天，一定会给你的旅途带来好心情。

在冈山县，你会看到许多历史遗迹和充满历史气息的建筑，还有丰富的温泉资源，这里有被誉为“美作三汤”的汤乡、奥津、汤原等各种人气温泉、秘汤。

## 后乐园

已有 300 余年历史的后乐园与水户的谐乐园，金泽的兼六园被合称为日本三大名园。

纯日本风格的庭院，让你走在其中感觉很妙。

草地面积特别大也是这里一大特色。

有机会来到冈山的你，不妨来后乐园漫步，感受这里的静谧和休闲。

地址：冈山县冈山市后乐园1-5
交通：JR冈山站后乐园口（东口）巴士终点站1番乘坐巴士10-15分钟后乐园前下车可到达

## 备中松山城

430 米高被云海（朝雾）包围的备中松山城，就像是浮在云上的空中的城堡。

这是现存的日本唯一一处位于山上的天守阁。

不过想看到“天空之城”景象还是很考验运气的。通常9月下旬到4月中旬（特别是11月至第二年的1月）天色渐亮至8:30之间能看到这种景象的概率比较大。

据说早上天气好，当日早晚温差大也是能看到云海的条件。

备中松山城展望台地址：冈山县高梁市奥万田町
交通：JR备中高梁站打车约20分钟

# 广岛县

广岛县是位于日本西部的滨海城市，临濑户内海，依山傍海的地理位置造就了它壮观的大自然景观。

在第二次世界大战中广岛市遭受了原子弹的轰炸，为了使世界了解这场灾难，现在这里作为一座和平城市，已被全世界人们所周知。

广岛县地区还包括濑户内海的150座岛屿，所以广岛旅行去小“离岛”游玩也是不错的选择哦。

## 严岛神社

这是一座漂浮在濑户内海上的世界遗产，耸立在海上的大鸟居，绮丽般梦幻，非常特别。这里主要祭奉的是日本古传说中的三位海洋女神（宗像三女神）。

严岛神社大部分始建于12世纪，整体风格庄严华丽。

除了著名的海上鸟居之外，20多栋建筑以红色回廊连接，将正殿围在当中也是一大看点。

行走在朱红色神殿之间，别有一番风情。

对了，岛上还有机会偶遇可爱的小鹿。

地址：广岛县廿日市市宫岛町1—1
交通：JR宫岛口站乘坐船10分钟可到达（宫岛口—宫岛栈桥每间隔15分钟就有一班船运行）

## 大久野岛

漂浮在濑户内海上的大久野岛是一个不同寻常的度假区。

在这里，你一下船就会看到岛上的唯一“原居民”——小兔子跳着来迎接你，没错，这里也被称为兔子岛，岛上有数百只可爱的兔子散养着，有时候会围住你，看着就非常可爱。

这里还有天然氡温泉，据说还可以帮助你排毒溶脂。

来这个安静的小岛住上一天，度过一个悠闲自在的假日吧。

地址：广岛县竹原市忠海町大久野岛
交通：JR忠海站步行7分钟到忠海港，乘坐度假村客船或大三岛渡船，约12分钟可到达大久野岛码头，再乘坐码头接送巴士即可到达

## 岛波海道

这里是被 CNN 誉为全球最美骑行道，是骑行爱好者们心目中的圣地。

我本人也不算资深骑行爱好者，只是会骑自行车而已。已经来这里两次了，每次都被这里的美景所震撼。

在桥上，看着广阔的海景，吹着海风，一般只有坐在汽车上才能感受到的，骑行就可以体验。

岛波海道全长约 70 千米，包含了横跨于濑户内海之上的 9 座大桥，连接着广岛县到爱媛县之间的 6 个岛屿。

全程骑行是有点累，建议初学者可以部分骑行，中途的 6 个岛屿也有分别不同的风景和游玩地、休息地。走走停停才是这里的正确打开方式。

注意：整个岛波海道全程中有13处可以租借或退还自行车的点。从广岛县出发的话，在尾岛租借；从爱媛县出发的话，在今治租借。

尾岛租借点地址：尾道市东御所町（尾道站前港湾停车场内）
交通：JR尾道站出站即可到达
费用：租借自行车（带安全帽）成人1 100日元/天，1 100日元押金（如果退还到租借的店将退押金，如果归还到别处押金则不退回）

# 后藤饮料水工业所

在日本广岛县向岛，有这样一家小店，它乍一看，与其说是店，不如说像是一个充满年代感的小工厂。这个“小工厂”有着 80 余年的历史，这里只出售少数几种汽水类饮品。我听说一些人乘飞机远道而来只是为了喝一口这里的汽水。走进店铺，你就可以看到地上堆积着许多的黄色汽水箱子、几个小冰柜和旁边坐着扇扇的老奶奶。充满复古情怀的店铺环境，老奶奶在的画面实在是太和谐了。给我一种小时候到外婆家那样的安心感，就像是动画片

《樱桃小丸子》中，会出现的店铺一样。这里也是许多在岛波海道骑行的人来打卡的店铺，骑行途中，补给能量，喝上一瓶气足、不甜腻的冰汽水，太爽啦。

注意：这边是不能“外带”的。它的瓶子已经不生产了，所以瓶子要全部回收。也就是说你购买了只能当场喝掉、然后把瓶子还回去。不过也正因此，让它成为了“梦幻”的汽水。全国仅此一处，只有在这里才喝的。

地址：广岛县尾道市向道町兼吉755–2
交通：JR尾道站步行17分钟（1.3km），骑行5分钟

# 山口县

山口县也曾有西部的京都之称，是一个不折不扣的古都。

这里拥有许多被指定为重要文物的寺院等，虽小众却让许多历史爱好者趋之若鹜。

这里也因盛产河豚鱼而闻名，来到这必须大饱口福。

山口县也是鲜为人知的日本首相之乡哦。历届九位日本首相，都诞生于此，因此也被称为“政治家的摇篮”。

## 元乃隅稻成神社

京都伏见稻荷大社相信大家都很熟悉。就算是名字对照不上，看照片一定觉得非常眼熟。

连绵不断的鸟居……走在里面就像是穿越一个朱红色的时空隧道，那么梦幻，那么神秘。

而在山口县，也有一处连绵不断的鸟居。而且它沿海，以海为背景俯瞰这一整条长长的鸟居通道，堪称绝景。太美了。

地址：山口县长门市油谷津黄498
交通：JR长门谷市站打车约20分钟可到达

## 唐户市场

唐户市场，以河豚鱼而闻名。

这里是全日本河豚鱼产量第一的市场，当然整个下关市的特产，也是河豚鱼。

日本第一家河豚料理公许的店铺“春帆楼”也在下关市。

因为临近关门海峡，这里运输过来的都是当天捕捞的非常新鲜的海产品，而且性价比也是相当高的。市场里也有寿司一条街，可以当场买，当场吃。

旅行时不方便去市场买河豚鱼怎么办?没关系，从唐户市场步行 15 分钟的范围内，有多家高性价比且可以吃到河豚鱼的店铺。

河豚鱼可是高级料理啊，来到下关市似乎变得很“平价”。

当地人把河豚鱼（Fugu）叫作 Fuku（与“福”谐音），因此河豚鱼也被当地人认为是非常吉祥的食物。

地址：山口县下关市唐户町5—50
交通：JR下关站乘坐巴士约10分钟到唐户下车

# 四国地区

## 香川县

香川县位于四国地区的东北部，北临濑户内海。

虽然是四国岛屿中面积最小的一个县，但这里有“金刀比罗宫”“栗林公园”，还有“直岛”“小豆岛”等，浓缩了濑户内海岛上旅行的精髓。

这里的美食也一样精彩，除了濑户内海捕捞的新鲜海产品之外，这里有一样大有名气的面，你绝觉不容错过。

## 父母之浜

在香川县有一个近些年火遍日本社交网的绝佳拍照景点，叫作父母之浜。

这里也被称为日本版天空之镜，像极了玻利维亚的乌尤尼盐沼。

每到夕阳时分，退潮之后，你可以在这里欣赏到梦幻般的绝境。濑户内海像一面巨型的镜子，整个海面上倒映着一整片夕阳。

你站在海水退潮后留下的一块块陆地上，能拍出漂浮在空中般的美照。

地址：香川县三丰市仁尾町仁尾乙203-3
交通：JR诧间站乘坐（每周一至周六运营的）三丰市社区巴士可到达；高松机场有直达父母之浜的巴士；其他一些景点间的巡游巴士也可到达

## 中野乌冬学校（琴平校）

香川县特产美食之一就是乌冬面。香川县的乌冬面真的非常有名，甚至有人将这里称之为乌冬县。

大家记不记得，在小时候看的动画片《樱桃小丸子》中，小丸子有一次吵着要吃赞岐乌冬，后来他们一家人来到的就是香川县。

这里有一条街，飘着乌冬面的香味。

而在我推荐的这家店中，你可以体验自己亲手制作乌冬面。当然也可以直接选择堂食。

正宗的赞岐乌冬真的非常滑嫩、Q弹，会颠覆你对乌冬面的想象。

如果想体验制作乌冬面，需要提前预约哦。

地址：香川县仲多度郡琴平町796番地
交通：JR琴平站步行10分钟

## 金刀比罗宫

这也是被日本人称为“一生一定要来参拜一次”的圣地。日本人通常将这里亲切地称呼为“konpira 桑”。

在到达本宫之前，你需要爬一个长长的阶梯，当你走过 700 多阶阶梯，到顶的时候你回过头，都望不到底。非常有成就感。

这个过程，也像是一种为了祈福的修行吧。

在这里，你会看到许多船只的照片，这里供奉的神明掌管海事，许多出海的人会来这里祈福平安。甚至现在，日本的宇航员，也会来到这里参拜祈福。

地址：香川县仲多度郡琴平町892
交通：电车琴电琴平站下车步行15分钟；JR土赞本线琴平站下车步行20分钟

# 德岛县

德岛县位于四国地区东侧，北临濑户内海，四季风景宜人，作为拥有 400 多年历史的阿波舞发源地而享誉盛名。

这里有丰富的大自然景观，当地传统文化的完好传承，众多著名寺庙，美味的海鲜……

这里热闹的阿波舞祭，是日本最大的夏日活动之一了，真的要体验一下。

## 阿波舞祭

夏日的德岛县，有一场非常盛大的的活动——阿波舞祭（盂兰盆节）。每年 8 月 12 日至 15 日期间举办。

它会吸引约 120 万人前来，相当于当地人口数量的五倍。

阿波舞是融合各种细微动作的独特的日本传统舞蹈，拥有 400 多年历史。

通常是以小组为单位参加，看似简单的动作，想要跳好却不简单哦。

通常参加阿波舞祭的舞者都是当地居民，他们从小就学习阿波舞，很好地继承了这一传统。

记得有一年我去阿波舞会场，活动却因台风而被取消（23 年一遇的台风），雨停后，遇到当地人在河边自行组织跳阿波舞的活动，就像我国的广场舞一样。

游客也纷纷加入其中，跟随音乐愉快地一起舞动，场面十分热闹。这让我意识到当地人是发自内心的热爱阿波舞。

大家有机会一定要去体验一下这一独特的日本夏日活动哦。

信息：期间有收费会场4处和免费会场2处。收费会场需要提前预约购票哦。
官网：https://www.awaodori.tokushima.jp/

## 祖谷溪

祖谷溪被誉为日本三大秘境之一，可以说是一片世外桃源。

落差高数十米至百米的断崖绝壁是这里的特色。

这里有酷似日文中平假名中“ひ”的溪谷，有日本版的尿尿小童，有特别原始的藤树吊桥。

逛完溪谷中各个景点之后，我推荐大家来这里的祖谷温泉歇息一下，住上一晚。

这家在溪谷断崖绝壁中的温泉旅馆，非常特别。

与众不同的是，他家拥有自己的爬山缆车。

泡温泉可以乘坐缆车下山到达溪谷中，温泉就在溪谷的川流边。

在这里，你可以体验真正被溪谷美景环绕着泡温泉的乐趣，眼前就是触手可及的河水。

这里，还有带有私汤温泉和足汤的酒店房间。

如果你怕泡温泉久了不舒服的话，也可以泡着脚长时间赏景。

住在这儿，早上起来第一眼看到的就是像一幅画一样的大自然美景。

地址：德岛县三好市池田町松尾字松本367—28

交通：JR大步危站下车，下午有一班免费的酒店接驳车，需提前预约

## 灵山寺

德岛县所在的四国地区有许多历史悠久的寺院，在四国地区也有一个自古以来的传统活动叫作“遍路”。

在古代这是一种修行，要遍访被选定的位于四国地区的88所寺院，可能会花费好几个月的时间。

我在德岛行的时候，也遇到正在走“遍路”的阿姨们。她们说，现代人的遍路不一定要一口气走完，可能会花1年的时间断断续续走遍这88所寺庙。但每隔几年就“遍路”一次。

越行走越能找到心里的答案，越会肯定内心，克服困难，然后获取内心的平静。

据说这是每一个四国地区的人，一生中一定要做一次的事。

很多日本人对于传统的保护和传承之用心，不得不让人敬佩。

我要介绍的德岛的灵山寺，是非常特别的。

也许你不一定有机会走完88所寺庙，但你可以来看看“遍路”的出发地，第一处灵地——灵山寺。

地址：德岛县鸣们市大麻町板东字塚鼻126
交通：板东站步行10分钟可到达

## 高知县

有人称，高知县是日本最后的清流。这里拥有四十万川、室户岬等自然景观丰富；是坂本龙马等日本历史名人的故乡；是有名的鲣鱼的原产地。不论你热爱大自然还是热爱日本历史亦或热爱美食，这里都可以满足你。

### 稻草炙烤鲣鱼

来到高知县旅行，建议大家一定要品尝一次当地的鲣鱼。

高知县拥有非常丰富的水产资源，以鲣鱼而广为人知。

鲣鱼在日本人心目中，是有至高无上的地位的。每天他们食用的各种料理中，所用的高汤基本都是用鲣鱼节炖煮出来的，是日本料理离不开的一样重要食材。

鲣鱼，如果作为刺身生吃，很多外国人会接受不了，相对来说腥气较大。

但高知县最著名的吃法是稻草炙烤鲣鱼（藁焼き鰹塩たたき），是用稻草炙烤鲣鱼至半熟，蘸特制的酱料和葱、大蒜等调味料一起食用。

淡淡的稻草的香味和炙烤的香味融合在一起，入口清爽不腻，丝毫不会有腥气（本来这里产的鲣鱼就十分新鲜）。

我推荐给大家一家非常有名、当地人爱去的店铺：明神丸本店。

经营这家店的是一位渔夫，他们家鲣鱼的捕捞量也位居日本之首。

新鲜且高性价比的鲣鱼料理来这里吃准没错。此外，还有一些正常居酒屋菜品，来这里你还可以同时体验日本居酒屋文化。

地址：高知县高知市本町1－1－2
交通：土佐电车堀诘电停，步行一分钟可到达

## 桂浜

桂浜也被称为“月之桂浜”，自古以来就是赏月胜地。

桂浜面向土佐湾（太平洋），有一片弓形海滩。在这里你可以享受美丽海岸景色。

日本幕府末期的著名志士坂本龙马的巨型铜像就坐落于此，至今他仍是许多影视作品的题材，也依然拥有许多粉丝。

这里的坂本龙马铜像，望向太平洋的彼岸，就像当年的他将目光投向海湾一样。

这边还有许多小景点，也有不少小吃。

到此，静静散步就好了。

地址：高知县高知市浦户桂浜
交通：JR高知县，乘坐高知县交通巴士在桂浜下车即可到达

## 日曜市

高知县有一个非常特别的“景点”——日曜市。日曜在日文中是星期日的意思，顾名思义就是星期日开的市场。

这是一个日本最大的假日市场，且有300多年历史。

这里长约1千米，集中着大约400个当地人摆设的摊位（虽说是摊位，还是非常干净有秩序）。

在这里，你可以买到当地新鲜的水果、蔬菜、干货、小吃、艺术品等。

除了购物乐趣之外，更多的是你可以感受当地的风土人情。

对于高知县的人来说，这是祖祖辈辈相传的风俗习惯，每周日在市场上，互相关心，互相打招呼，聊聊家长里短，是简单而又快乐的事。

时间：除1月1—2日和8月10—12日外，每周日定期开设

4—9月：5:00—18:00

10月至第二年3月：5:30—17:00

地址：高知县高知市追手筋一带
交通：高知站步行10分钟可到达

# 爱媛县

爱媛县位于四国地区最北部，北临濑户内海。

这里有日本最古老的道后温泉、松山城等许多观光资源；也因日本产量第一且美味的柑橘而闻名；拥有日本第一的毛巾——今治毛巾。

与广岛县相连接的“世界最美骑行道”岛波海道，可以从爱媛县开启骑行。

## 少爷列车

在松山市，你能看到街道上，路面电车行驶的场景。每隔一段时间，会跑来一辆20世纪的蒸汽机车造型的列车，时不时发出“呜——呜——”的鸣笛声，列车员还穿着复古的制服，看到这场景感觉自己仿佛穿越了。

这趟列车有一个名字叫作少爷列车。

这仅有两节车厢的复古小列车的内部座椅、墙壁、地板无一不是木质的，跟100年前保持一致。这趟列车在日本国宝级著名作家夏目漱石的作品《少爷》中出现过。这本书的故事背景正是爱媛县松山市，也是故事中男主乘坐的列车。

来到松山市不妨乘坐复古的路面电车感受一下缓慢行驶在街景中的惬意，而且它连接着松山市几乎所有的主要景点，特别方便。

两条路线：

1.松山市站—大街道—道后温泉（古町和JR松山站无法上下车）

班次：工作日一天6次往返；周末和法定假日一天7次往返

2.古町—JR松山站前—大街道—道后温泉（松山市站无法上下车）

班次：工作日一天2次往返；周末和法定假日一天3次往返

注意：只有道后温泉站早上8:30发配各班次的预约号。其余站都是各自在站台的贩卖窗口购买或者直接上车从列车员处购买，可能会有变动以实际情况为准

## 道后温泉

道后温泉，被誉为日本最古老的温泉之一，距今已经有 3000 年的历史了。在 1710 年的《予杨郡乡俚谚集》中有对其的记载：有一只受伤的白鹭发现喷涌出的温泉水，并且每天到此浸泡，后来伤口痊愈。在那之后，当地人们也尝试泡温泉，发现通过泡温泉可以快速恢复疲劳，有些病人甚至病情明显好转。所以现在，在最古老的道后温泉建筑上，仍然放置有白鹭的雕像，以此纪念。

你可以在松山市区乘坐夏目漱石小说中出现的少爷列车前往道后温泉。从城区到达这里，像来到另一个电影中的世界一样，和你几分钟前看到的城市景观完全不同，你会感觉映入眼帘的颜色并不多，尽是棕色木质复古温馨的氛围。

车站对面有一幢很大的古色古香的温泉建筑，它就是最有名的道后温泉了。总有那么一丝亲切感。据说，宫崎骏的电影《千与千寻》中千寻工作的“汤屋”的原型正是它。

这里的夜景也特别美，晚上从远处看这个“汤屋”就真像进入了吉卜力动漫世界一样。

现在的道后温泉是指“汤屋”附近的这一片区域了，这里不单单是最古老的道后温泉一家了。

这里的周边有一条步行街，有各色各样的小店可以逛，有很多柑橘类的爱媛县特产，也有很多小吃店、纪念品店。车站附近还有足汤可以免费享用。

这块区域有多家道后温泉水源泉的温泉旅馆，道后温泉的温泉水特色是，碱性单纯泉水，对皮肤刺激小，是很适合汤治和美肤的泉水。所以来到这里的话一定要住上一晚。

推荐住宿：funaya

funaya是在道后有着390年历史的老铺，是一家很有名的温泉旅馆。

温泉旅馆除了泡温泉之外，另一大乐趣就是旅馆的晚餐了。这里的会席料理果然质量很高，因其与濑户内海为邻，海鲜都非常新鲜。这里的主厨听说还小有名气。

地址：爱媛县松山市道后汤之町1—33

交通：道后温泉站步行3分钟可到达

## 别子铜山

这里曾经是江户时代铜产量最高的铜矿区，全盛时期众多人口住在这里。现在这里遗留了曾经兴盛的痕迹，成了一座观光矿山主题乐园，是爱媛县著名的观光景点。

在这里，你可以体验铜山历史，乘坐当时矿工们乘坐的小矿车，了解挖矿的过程，挑战负重前行，甚至可以体验淘金。对于儿童来说是非常好的寓教于乐场所。

铜山遗迹的东平区域也有一座被称为“东洋马丘比丘”的遗址，这里充满异国风情。

沿着山形耸立的石头遗址前行，就像是穿梭于幻想中的天空之城。

地址：爱媛县新居浜市立川707-3
交通：JR新居浜站打车15分钟可到达，mitopia乘坐定期观光巴士（一天两班）

走在街上，你会看日本年轻的小哥哥、小姐姐大都很注重仪表。特别他们是头发，感觉都是被精心打理过的。也肯定有许多小伙伴想在日本旅行的同时体验日本的美容美发技术，让自己的外形焕然一新，这里我为大家整理了几家东京和大阪的店铺，希望可供参考。

你也可以参考这个网站：https://www.beauty-park.cn/，用中文预约众多美容美发沙龙，特别方便。

# Japanese Beauty Salon

# 美容美发店集

## 资生堂 PASSAGE BEAUTÉ（美发）

这家店的技术属于业界顶级水平，这里提供妆容、发型、肌肤护理的定制化造型设计服务，其中针对男性的皮肤管理服务特别有人气哦。

在这里，用资生堂PASSAGE BEAUTÉ 独有的先端科技和美学见解，可以打造“每个人独有的光彩”。

沙龙内也有中文服务，大家无需担心语言沟通会有障碍。
官网：https://salon.shiseido.co.jp/passage_beaute/

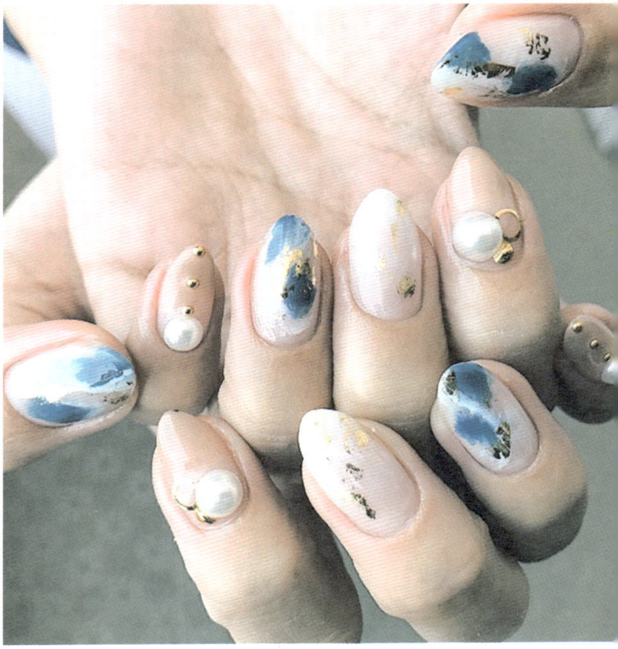

## total beauty salon SUN

## 东京都/白金台（美容、美发、美甲、美睫、按摩）

这里是许多日本明星的御用沙龙。美甲、美睫、美容、美发，业务特别的齐全。我特别爱这家的烫睫毛项目，技术独家，效果持久。

总体来说店面颜值高，环境幽静，易于放松。

网址：http://sun-platinum.com/

## apish AOYAMA东京都/青山（美容、美发）

网站：https://www.apish.co.jp/aoyama/

店铺老板是数码烫创始人，烫发技术首屈一指，想弄美美日系造型的小伙伴，我向你推荐这家，这家店铺连锁店众多，业内外口碑极佳。

## Z-BORn东京都/下北泽（美容、美发）

网址：https://www.z-born.com/

这家店将有机护发作为主打项目，自主研发的护发产品也特别好用。他们跟紧日本时尚潮流，任何流行款都能在这里实现。

## Axia 小颜矫正·美容整体沙龙
## 东京都/表参道（美容、整骨）

网址：https://www.beauty-park.cn/salon-este-relax-tokyo/axia/

将日本匠心融入按摩技艺之中的这家店太神奇了。小颜整骨最近这些年很流行，而这家是实力派。

据我亲自体验的结果就是，仅靠按摩，30 分钟内就让我的脸看上去小了一圈。除此之外，他家还可以为你按摩全身，放心按摩毫无痛感。

这里还有全身骨骼矫正、美容针灸等项目，可以帮你全面改善身体循环。

## En Lumière东京都/麹町（美容、按摩）

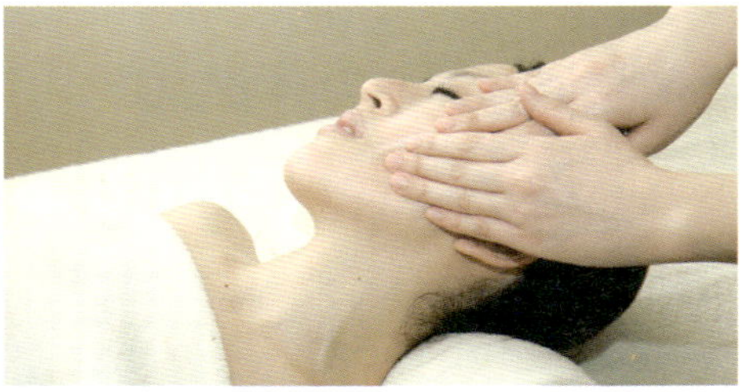

这家店环境优美，店长是留法芳香理疗师，店内全员持有美容业界权威资格证。

精油按摩是其主打项目，真正好的正规的精油按摩真的可以放松身心，达到极致放松效果哦。

网址：http://www.enlumiere.jp/

## SNOVA GINZA东京都/银座（美容）

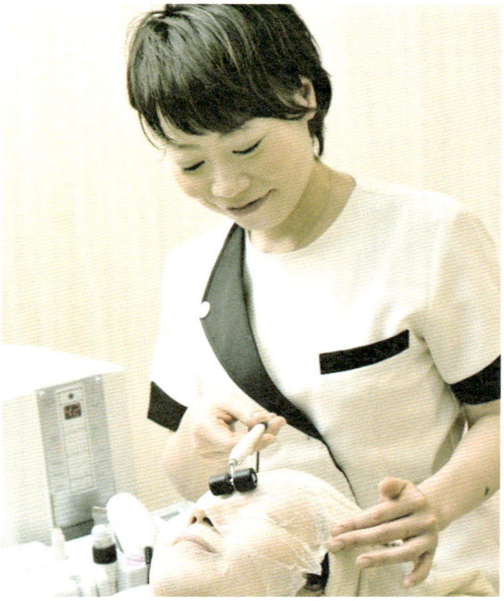

这里是日本首家高端胎盘原液美容沙龙，所有脸部护理套餐均使用从俄罗斯低温空运的产品。推荐给极致爱美人士。

网址：https://www.snova.ne.jp/ginzasalon/

# 大阪

## Natura心斋桥难波店大阪府/心斋桥（美容）

这里交通便利，心斋桥步行数分钟可到达。

网址：http://www.natura-co.jp

这里是传统技术和最新器械结合，你可以体验非常好的日式服务，自主研发的产品口碑也很好，而且品种多。如果有机会去的话，推荐你购买一些沙龙级护肤品。

## Elle（美发沙龙）

因为他家没有自己的官网，因此我向大家推荐Elle在hotpepper（日本类似于中国的大众点评的网站）的网址：https://beauty.hotpepper.jp

《ELLE》相信大家都不陌生，这个1945年创刊专注于时尚、美容、生活品味的杂志，它的首家沙龙美发店在日本大阪哦。

这里的空间极其时尚，追求时尚的女孩子纷纷聚集在此。这里的美发师小姐姐颜值都特别高。

此外，在这里你还可以买到他家独有的洗护发产品。

# 后　记

在这里，我要谢谢你将这本书读完，谢谢你对它的喜欢与支持。

我要感谢的人太多了。首先，我要感谢本书的责任编辑孙勃老师，是他让我有机会实现了我的作者梦。当孙老师联系到我，并问我是否愿意出一本书时，我竟一秒都没犹豫就答应了。

天呐！出书是一件多酷的事情！出一本自己写的书，是我从小的梦想之一啊！我有记录自己人生的 100 个愿望的习惯。可当自己冷静下来，才发现自己的内心开始不安，甚至有些小小的后悔……我是从初中才开始学习中文的，水平很一般，要写一本书，实在是忐忑不安，为此，我也经历了很多个边崩溃边赶稿的纠结的夜晚……

也正如此，我要感谢为这本书付出心血的每一位工作人员，是你们给了我鼓励和帮助，也是有了你们的辛勤付出，本书才能如期面世。

此外，我要感谢《淘最霓虹》（原《东京印象》）节目，是这个节目成就了现在的我。我现在依然清晰记得：四年前，同样炎热的一个夏日，怀着不安之心的我，去面试自己学生时代开始就一直在看的一档旅行节目的主持人。可以说，那时的幸运一直延续到了现在。因为主持《淘最霓虹》节目，我才有机会踏遍日本各地，经历了许多非凡的体验，记录下了真正的日本风土人情，也有机会坚持做着自己喜欢的事。在此，我要感谢吕先生，以及所有节目相关工作人员！

写书的过程，也是我回顾这些年经历的过程，就像故地重游，唤醒了许多回忆。

我从小就喜欢旅行，它能给天生爱冒险、好奇心强的我，一种很强的新鲜感，让我的生活充满乐趣。

每一次旅行，就算做足功课，你也依然不能完全预知你会看到什么样的风景，会发生什么事情，途中遇到什么样的人。这一切都太刺激了。那种新鲜感，总能让旅途的记忆比日常生活更加鲜明，更容易留存。至于旅游途中所遇到的人以及与他们的种种对话、他们的故事也都深深地影响着我。

倘若有一天，我能有机会将这些有趣的人与故事整理、出版，与大家共同分享，那就太好了，这也是我新的目标。

本书中，我为大家推荐的景点、交通、美食、美妆的主要来源：一是源于我从小在日本长大，相对来说我比较熟悉日本的环境；二是源于工作原因，我以赴日旅行类节目为主，所以这些景点、美食等我都是亲自去过且认为比较有特色的，才会推荐给大家。我认为，日本作为我们的邻国，他的饮食文化、社会环境、便利交通，以及匠人精神等，都有值得我们学习、借鉴的地方，这也是为什么日本能成为许多人，尤其是年轻人心目中绝佳的旅行目的地之一的原因。

初次写作，本书存在的不足和疏漏望大家多多批评、指正。希望《旅日狂欢》能为你带来些许旅途的灵感，也衷心希望读完这本书的你，每次赴日旅游，都能感受到狂欢般的快乐。

梦　迪

2020 年 8 月